Verfassungsrecht
– Skriptum –

Verfassungsrecht
– *Skriptum* –

von

Dr. Uwe Kischel

Professor an der Universität Greifswald

Greifswald 2010

Bibliographische Informationen der Deutschen Bibliothek:

Die Deutsche Nationalbibliothek verzeichnet diese Publikation in der Deutschen Nationalbibliografie; detaillierte bibliografische Daten sind im Internet über http://dnb.d-nb.de abrufbar.

Herstellung und Verlag: Books on Demand GmbH, Norderstedt

ISBN 978-3-8423-2743-6

Inhalt

Die angegebenen Zahlen sind Foliennummern, keine Seitenzahlen.

1. Teil: Grundrechte

GR

A. Einführungsfall: Rechtsradikale Demonstration in Greifswald? 1
   I. Grundlagen 3
   II. Schutzbereich 4
      1. Versammlung 4
      2. "friedlich und ohne Waffen" 5
      3. Schutzumfang 5
   III. Eingriff 5
   IV. Schranken 6
      1. Unter freiem Himmel → Gesetzesvorbehalt 6
      2. in geschlossenen Räumen → kollidierendes Verfassungsrecht 6

B. Grundrechtsträger und Grundrechtsverpflichtete 7
   I. Grundrechtsträger 7
      1. Natürliche Personen 7
         a. Jedermannsrechte und Deutschenrechte (Menschen- und Bürgerrechte) 7
         b. Grundrechtsmündigkeit 8
         c. pränatal und post mortem 8
      2. Juristische Personen des Privatrechts 9
      3. Juristische Personen des Öffentlichen Rechts 10
   II. Grundrechtsverpflichtete 11
      1. Staat 11
         a. Grundsatz: 11
         b. Problem: Handeln der Verwaltung nach Privatrecht 11
      2. Private - Die Drittwirkung 13
         a. Unmittelbare Drittwirkung 13
         b. Mittelbare Drittwirkung 14
      3. Supranationale Gewalt 15

C. Eingriff und Schranken 16
   I. Eingriff 16
   II. Schranken 17
      1. Arten von Grundrechtsschranken 17
         a. verfassungsunmittelbare Schranken 17
         b. Gesetzesvorbehalt 18
         c. verfassungsimmanente Schranken 18
      2. Verhältnismäßigkeit 20
         a. Hintergrund 20
         b. Prüfungsfolge 20
            (1) Zwecksetzung des Gesetzgebers 20
            (2) Geeignetheit 20

(3) Erforderlichkeit 21

(4) Angemessenheit/Zumutbarkeit (=Verhältnismäßigkeit i.e.S.) 21

3. Verfassungsmäßigkeit im übrigen 22

    a. Zitiergebot (Art. 19 I 2 GG) 22

    b. Bestimmtheitsgebot 23

    c. Verbot von Einzelfallgesetzen (Art. 19 I 1 GG) 23

    d. Wesensgehaltsgarantie (Art. 19 II GG) 24

        (1) absolute Theorien: 24

        (2) relative Theorie: 24

4. Prüfungsaufbauten 25

    a. Grundschema Grundrechtsprüfung: 25

    b. Grundschema Rechtmäßigkeitsprüfung eines Gesetzes: 26

D. Menschenwürde (Art. 1 I GG); allg. Handlungsfreiheit, allg. Persönlichkeitsrecht (Art. 2 I GG) 27

I. Menschenwürde als "oberster Wert" 27

1. Grundrechtscharakter 27

2. Eingriff in den Schutzbereich 28

3. Schranken 29

II. Allgemeine Handlungsfreiheit, Art. 2 I GG 30

1. Der Streit um den Schutzbereich 30

    a. ältere Auffassung: Persönlichkeitskerntheorie 30

    b. ganz hM: Allgemeine Handlungsfreiheit (Elfes) 31

    c. Sondervotum Grimm ("Reiten im Walde") 31

2. Konsequenzen der hM 32

3. Die Schrankentrias (nach hM) 32

III. Allgemeines Persönlichkeitsrecht, Art. 2 I i.V.m. 1 I GG 33

1. Systematisierung des Schutzbereichs 33

2. Schranken 34

    a. Schrankentrias 34

    b. sog. Sphärentheorie 34

E. Berufsfreiheit, Art. 12 GG 36

I. Grundkonzeption ≠ Wortlaut 36

II. Schutzbereich 36

1. Beruf 36

2. Ausbildungsstätte 37

3. Arbeitsplatz 37

4. Aufbauprobleme 38

III. Eingriff 39

IV. Schranken 39

1. Die 3-Stufen-Theorie als Ausprägung der Verhältnismäßigkeit 39

2. Abgrenzungsprobleme 41

    a. Wahl oder Ausübung? - Die Berufsbilder 41

    b. Objektive oder subjektive Zulassungsvoraussetzungen 42

3. Durchbrechungen der Stufentheorie 42

F. Grundrechtsfunktionen; Kollisionen und Konkurrenzen 43

I. Klassische Grundrechtsfunktionen (Jellinek) 43

1. status negativus 43

2. status positivus 43

3. status activus 43
II. Die subjektive Funktion: Grundrechte als Abwehrrechte 44
III. Die objektiven Funktionen...44
    1. Grundrechte als Einrichtungsgarantien...44
    2. Grundrechte als Auslegungs- und Entscheidungsmaßstab 45
        a. grundrechtskonforme Auslegung 45
        b. objektive Wertordnung 45
    3. Vornahmerechte aus Grundrechten..46
        a. Grundrechte als Schutzpflichten 46
        b. Grundrechte als Leistungsrechte 47
        c. Grundrechte als derivative Teilhaberechte..................................48
        d. Grundrechte auf Organisation und Verfahren..............................49
IV. Konkurrenzen 49

G. Kommunikations-, Kunst- und Wissenschaftsfreiheit, Art. 5 GG 50
I. Fünf Grundrechte des Art. 5 GG 50
II. Meinungsfreiheit 51
    1. Schutzbereich...51
        a. Meinungen..51
        b. Tatsachenbehauptungen 51
    2. Eingriff..52
    3. Schranken...52
        a. Begriff der "allgemeinen Gesetze"...53
        b. Jugendschutz und Ehre...53
        c. Wechselwirkung..53
        d. Zensurverbot 54
    4. objektive Wirkungen 55
III. Informationsfreiheit 56
IV. Pressefreiheit 57
V. Rundfunkfreiheit 58
    1. Schutzbereich...58
    2. Die duale Rundfunkordnung...59
        a. Demokratische Funktion und dienende Freiheit 59
        b. Einführung der dualen Rundfunkordnung 59
        c. Anforderungen an die duale Rundfunkordnung: Grundversorgung
           und Pluralismus...60
           (1) Grundversorgung durch öffentlich-rechtliche Anstalten............60
           (2) Anforderungen an private Veranstalter 61
        d. Kritik der dualen Rundfunkordnung 61
VI. Filmfreiheit 62
VII. Kunstfreiheit 63
VIII. Wissenschaftsfreiheit 65

H. Exkurs: Die Verfassungsbeschwerde 66
I. Grundschema der Prüfung 66

II. Die Zulässigkeitsprüfung 67
    1. Antragsberechtigung, § 90 I BVerfGG 67
    2. Beschwerdegegenstand, § 90 I BVerfGG 67
    3. Beschwerdebefugnis, § 90 I BVerfGG 67
        a. Möglichkeit einer Grundrechtsverletzung..................................68

        b. "selbst, gegenwärtig und unmittelbar betroffen" 68
            (1) selbst...68
            (2) gegenwärtig 69
            (3) unmittelbar...69
    4. Rechtswegerschöpfung und Subsidiarität 70
    5. Form und Frist...70
  III. Die Begründetheitsprüfung...71
  IV. Die Verfassungsbeschwerde in der Praxis...71
    1. Das allgemeine Register...71
    2. Das Annahmeverfahren..71
    3. Die Praxis der Senatsverfahren 71
    4. Das Problem des einfachen Rechts 72
    5. Die Substantiierungserfordernisse 72

J. Gleichheitssatz, Art. 3 GG..73
  I. Der allgemeine Gleichheitssatz, Art. 3 I GG 74
    1. Prüfungsaufbau 74
    2. Gleiche oder ungleiche Behandlung 74
    3. Gleiche und ungleiche Eigenschaften 75
        a. Feststellung von Gleichheit/Ungleichheit 75
        b. Lit. z.T.: Suche nach einem gemeinsamen Oberbegriff.....................75
        c. Lit. z.T.: Gleichheit/Ungleichheit muß wesentlich sein...................76
    4. Rechtfertigung...76
        a. idealtypische Grundpositionen 77
        b. gestufte Prüfung 78
        c. Besonderheiten der Verhältnismäßigkeitsprüfung beim Gleichheitssatz?.............79
    5. Besondere Rechtsfolgen..80
  II. Besondere Anforderungen aus Art. 3 II, III GG 80
    1. Grundsatz 80
    2. verbotene Anknüpfungspunkte 81
    3. Insbes.: Gleichberechtigung von Mann und Frau 82
        a. Rechtfertigungsmöglichkeit 82
        b. mittelbare Diskriminierung 82
        c. Quotenregelung 82

K. Glaubens- und Gewissensfreiheit, Art. 4 GG 84
  I. Grundaufbau 84
  II. Religions- und Weltanschauungsfreiheit 85
    1. Schutzbereich..85
        a. Begriffe..85
        b. geschütztes Verhalten 85
        c. Problematik 86
        d. Kollektive Freiheit 87
    2. Eingriff..87
    3. Schranken..88
    4. Obj.-rechtliches Verhältnis von Staat und Kirche, Art. 4, 140 GG 88
  III. Gewissensfreiheit...89
  IV. Recht auf Kriegsdienstverweigerung, Art. 4 III GG....................................90

L. Eigentum, Art. 14 GG 91
  I. Eigentumsgarantie 91

    1. Instituts- und Bestandsgarantie 91
    2. Begriff des Eigentums 92
       a. Grundsatz 92
       b. Einzelfragen 93
  II. Inhalts- und Schrankenbestimmung 94
    1. Begriff 94
    2. Einordnung von Einzelfalleingriffen 94
       a. dogmatischer Hintergrund 94
       b. praktische Fallprüfung 95
  III. Enteignung 96
    1. Begriff der Enteignung 96
       a. zielgerichtet 96
       b. durch Rechtsakt 96
       c. vollständig oder teilweise 96
       d. Entziehung ≠ Übertragung 96
    2. Anspruch auf Entschädigung 97
       a. Enteignung 97
       b. zum Wohl der Allgemeinheit 97
       c. Verhältnismäßigkeit 98
       d. Junktimklausel 98
    3. Umfang der Enteignungsentschädigung 99
       a. In der Praxis 99
       b. Verfassungsrechtlich 99
  IV. Ausgleichspflichtige Inhaltsbestimmung 101
    1. Grundlagen und dogmatische Struktur 101
       a. Voraussetzungen der Ausgleichspflicht 101
       b. Anforderungen an Ausgleichsregelungen 102
       c. Ausgleichspflicht in Geld? 103
    2. Problem der salvatorischen Klauseln 104
  V. Exkurs: Erbrecht, Art. 14 GG; Überführung in Gemeinwirtschaft, Art. 15 GG 105

M. Weitere Verfahren vor dem Bundesverfassungsgericht 106
  I. Konkrete Normenkontrolle 106
    1. Vorlageberechtigung 106
    2. Vorlagegegenstand 107
    3. Überzeugung von der Verfassungswidrigkeit 108
    4. Entscheidungserheblichkeit 108
    5. Begründetheit 108
  II. Abstrakte Normenkontrolle 109
    1. Antragsberechtigung, Art. 93 I Nr. 2 GG, §§ 13 Nr. 6, 76 I BVerfGG 109
    2. Antragsgegenstand, Art. 93 I Nr. 2 GG, § 76 I BVerfGG 109
    4. Antragsgrund 110
    5. Sonderfälle 112
       a. Normbestätigungsverfahren, § 76 I Nr. 2 BVerfGG 112
       b. Kompetenzkontrollverfahren, Art. 93 I Nr. 2a GG, §§ 13 Nr. 6a, 76ff. BVerfGG
         112
  III. Organstreitverfahren 113
    1. Parteifähigkeit 113
       a. oberste Bundesorgane 114
       b. andere Beteiligte 114
    2. Antragsgegenstand 115

3. Antragsbefugnis, § 64 I BVerfGG 115
4. Frist 116
5. Begründetheit 116

N. Ehe und Familie, Art. 6 GG 117
 I. Grundprobleme 117
  1. Konstruktives Grundproblem: normgeprägtes Grundrecht 117
  2. Inhaltliches Grundproblem: Bedeutungswandel 118
 II. Schutz von Ehe und Familie 118
  1. Ehe 118
   a. auf Dauer angelegt 118
   b. staatliche Mitwirkung 119
   c. ein Mann und eine Frau 119
  2. Familie 120
  3. Eingriffe 120
 III. Elternrecht, Art. 6 II, III GG 121
 IV. Schutz werdender Mütter, Art. 6 IV GG 121
 V. Gleichstellung unehelicher Kinder, Art. 6 V GG 121

O. Schulwesen, Art. 7 GG 122
 I. Schulaufsicht, Art. 7 I GG 122
 II. Religionsunterricht, Art. 7 II, III GG 123
  1. Bestimmungsrecht der Erziehungsberechtigten, Art. 7 II GG 123
  2. Abhaltung des Religionsunterrichts, Art. 7 III GG 124
   a. Grundrechtsträger 124
   b. Grundrechtsinhalt 125
   c. Anwendbarkeit des Art. 7 III 1 in MV? 126
 III. Privatschulen 126
  1. Privatschulgewährleistung, Art. 7 IV 1 GG 126
  2. Recht der Ersatzschulen, Art. 7 IV 2-4, V GG 126
  3. Förderung von Ersatzschulen 127

P. Unverletzlichkeit der Wohnung, Art. 13 GG 128
 I. Schutzbereich 128
  1. Wohnung 128
  2. Geschäftsräume? 129
  3. Grundrechtsträger 131
 II. Eingriff 132
 III. Rechtfertigung 132
  1. Durchsuchung 133
  2. technische Überwachung 133
  3. sonstige Eingriffe und Beschränkungen 134

Q. Weitere Grundrechte 135
 I. Leben und körperliche Unversehrtheit, Art. 2 II 1 GG 135
 II. Freiheit der Person, Art. 2 II 2 GG 135
 III. Vereinigungs- und Koalitionsfreiheit, Art. 9 GG 136
  1. Vereinigungsfreiheit 136
   a. Schutzbereich 136
   b. Eingriff 137
   c. Rechtfertigung 137
  2. Koalitionsfreiheit 137

IV. Brief-, Post- und Fernmeldegeheimnis, Art. 10 GG 138
V. Freizügigkeit, Art. 11 GG 139
VI. Ausbürgerung und Auslieferung, Art. 16 GG 140
    1. Ausbürgerung 140
        a. Eingriff in den Schutzbereich...140
        b. Rechtfertigung...140
    2. Auslieferung 143
VI. Asyl, Art. 16a GG 143
VII. Prozeßgrundrechte 144
    1. Rechtsweggarantie, Art. 19 IV GG → s.u. (Rechtsstaat) 144
    2. Gesetzlicher Richter, Art. 101 I 2 GG...144
    3. rechtliches Gehör, Art. 103 I GG...144
    4. nulla poena sine lege, Art. 103 II GG...144
    5. ne bis in idem, Art. 103 III GG..145
VIII. Petitionsrecht, Art. 17 GG..145

2. Teil: Staatsorganisationsrecht

StOrg

A. Rechtsstaat...1
I. formeller und materieller Rechtsstaat..2
II. Gewaltenteilung 2
    1. Die Trennung der drei Gewalten...2
    2. Gewaltenvermischung und -verschränkung..................................3
    3. Neuzeitliche Aspekte der Gewaltenteilung...................................3
III. Vorrang und Vorbehalt des Gesetzes..4
    1. Die Normenhierarchie..4
        a. Der Gesetzesbegriff...4
        b. Geschriebene Rechtsquellen 4
            (1) Verfassung...4
            (2) Europarecht 4
                aa. primäres Gemeinschaftsrecht (insbes. Gründungsverträge,
                Gemeinschaftsgrundrechte) 4
                bb. sekundäres Gemeinschaftsrecht 5
            (3) Formelles Gesetz 6
            (4) Verordnung (VO) 6
            (5) Satzung 6
            (6) Exkurs: Verwaltungsvorschriften.......................................6
        c. Rangordnung: Grundregeln...7
    2. Vorrang des Gesetzes..7
    3. Vorbehalt des Gesetzes 8
        a. Herleitung...8
        b. Was ist „Gesetz" i.S.d. Gesetzesvorbehalts? 8
        c. Reichweite des Gesetzesvorbehalts..9
            (1) Grundsatz...9
            (2) Wesentlichkeitstheorie (BVerfG).......................................9
                 aa. Drei Aussagen: 9

        bb. Was ist wesentlich? 10

        (3) Spezielle Bereiche 10

  IV. Meßbarkeit und Verläßlichkeit, insbes. bei Gesetzen 12

    1. Rechtssicherheit und Vertrauensschutz, insbes. Rückwirkungsverbot 12

        a. Unterscheidung echte / unechte Rückwirkung 13

        b. Rechtsfolgen echter / unechter Rückwirkung 14

        c. Vertrauensschutz im übrigen 15

    2. Bestimmtheit und Klarheit 16

  V. Verhältnismäßigkeit 16

  VI. Exkurs: Rechtsweggarantie, Art. 19 IV GG 17

    1. Wer ist „öffentliche Gewalt"? 17

    2. Behauptung, „in seinen Rechten" verletzt zu sein 19

        a. Beschränkung auf eigene Rechte 19

        b. Bloße Behauptung 20

    3. Rechtsweg 20

    4. Effektiver Rechtsschutz 20

  VII. Exkurs: Die Ewigkeitsgarantie, Art. 79 III GG 20

B. Demokratieprinzip **21**

  I. Grundgedanken 21

  II. Demokratische Legitimation 22

  III. Zustimmung der Beherrschten als Grundgedanke 22

  IV. Demokratie als Prozeß 23

C. Sozialstaatsprinzip **24**

D. Republik **25**

E. Bundesstaatsprinzip **25**

F. Bundestag **26**

  I. Wahlperiode, Verfahren, Struktur 26

    1. Wahlperiode 26

    2. Verfahren 27

    3. Struktur 28

        a. Präsident, Ältestenrat 28

        b. Ausschüsse 28

        c. Fraktionen 28

  II. Gesetzgebung 29

    1.Verfahren im BT 29

    2. schlichte Parlamentsbeschlüsse 29

  III. Rechtsstellung der Abgeordneten 30

    1. Das freie Mandat, Art. 38 I GG 30

    2. Indemnität 30

    3. Immunität 31

    4. Weitere Rechte und Pflichten 31

  IV. Untersuchungsausschüsse 32

G. Bundesrat **33**

  I. Funktion, Zusammensetzung, Verfahren 33

  II. Mitwirkung an der Gesetzgebung 34

    1. Einspruchs- und Zustimmungsgesetze 34

          a. Unterscheidung und Folgen 34
          b. Problemfall Änderungsgesetz 35
      2. Vermittlungsausschuß 36
          a. Verfahren bei Einspruchsgesetzen 36
          b. Verfahren bei Zustimmungsgesetzen..36
      3. Endgültiges Zustandekommen des Gesetzes, Art. 78 GG 37
          a. bei Einspruchsgesetzen 37
          b. bei Zustimmungsgesetzen 38
          c. Probleme bei streitiger Einordnung des Gesetzes 38
          d. Sachliche Diskontinuität des Bundestags 38
          e. Exkurs: Inkrafttreten der Gesetze, Art. 82 GG.........................39

H. Bundesregierung **40**
  I. Bildung der Bundesregierung...40
      1. Kanzlerwahl, Art. 63 GG 40
      2. Bestimmung der Minister, Art. 64 GG 41
      3. Vertrauensfrage, Art. 68 GG 41
      4. Konstruktives Mißtrauensvotum, Art. 67 GG...............................41
  II. Rechtliche Arbeitsweise der Bundesregierung 42
      1. Kanzlerprinzip...42
          a. Richtlinienkompetenz, Art. 65 S. 1 GG 42
          b. Organisationsgewalt..42
      2. Ressortprinzip, Art. 65 S. 2 GG 43
      3. Kabinettsprinzip, Art. 65 S. 3 GG..43

J. Bundespräsident **44**
  I. Funktionen und Wahl 44
  II. Gegenzeichnungspflicht, Art. 58 GG 44
  III. Prüfungsrecht, insbes. bei der Gesetzesausfertigung 46
      1. formelles Prüfungsrecht 46
      2. materielles Prüfungsrecht..46

K. Wahlrecht **48**
  I. Wahlsysteme...48
  II. Wahlgrundsätze, Art. 38 I 1GG 48
      1. allgemein...48
      2. unmittelbar 49
      3. frei 49
      4. geheim..49
      5. gleich 49
          a. passives Wahlrecht..49
          b. aktives Wahlrecht...49
             (1) Zählwert und Erfolgswert? 50
             (2) Problem: 5%-Klausel 51
             (3) Problem: Grundmandatsklausel 52
             (4) Problem: Überhangmandate 52
             (5) Problem: Effekt des sog. negativen Stimmgewichts 54
  III. Wahlprüfung 55
  IV. Wer ist das Volk?...55

L. Politische Parteien **57**
  I. Begriff, Funktion, Parteienprivileg..57

II. Demokratische Binnenstruktur, Art. 21 I 3 GG 58
III. Parteifinanzierung 58
IV. Chancengleichheit, Art. 21 I i.V.m. Art. 3, 28 I 2 GG 59

M. Gesetzgebungskompetenzen im Bundesstaat **60**
I. Kompetenzverteilung im GG 60
   1. Grundsätzliche Zuständigkeit der Länder, Art. 70 GG 60
   2. Ausschließliche Gesetzgebung des Bundes, Art. 71, 73 GG 60
   3. Konkurrierende Gesetzgebung, Art. 72, 74 GG 60
      a. Kernkompetenzen, Art. 72 I GG 61
      b. Bedarfskompetenzen, Art. 72 II GG 61
      c. Abweichungskompetenzen, Art. 72 III GG 63
II. Ungeschriebene Kompetenztitel 64

N. Ausführung der Bundesgesetze im Bundesstaat **65**
I. Ausführung durch Länder als eigene Angelegenheit, Art. 84 GG 65
II. Ausführung durch Länder im Auftrag des Bundes, Art. 85 GG 66
III. Bundeseigene Verwaltung, Art. 86, 87 GG 67
   1. durch Bundesbehörden 67
      a. mit eigenem Verwaltungsunterbau, ... 67
      b. ohne eigenen Verwaltungsunterbau: 68
   2. durch bundesunmittelbare Körperschaften und Anstalten 68
IV. Mischverwaltung; Dritte Ebene 69

Verfassungsrecht

– 1. Teil: Grundrechte –

A. Einführungsfall: Rechtsradikale Demonstration in Greifswald?

Fall:

Am 1. Mai 2009 will die kürzlich neugegründete Partei "Deutscher Widerstand (DW)" eine Demonstration unter dem Motto "Gerechtigkeit im eigenen Land - Arbeit nur für Deutsche" in der Greifswalder Innenstadt abhalten. Die zuständige Behörde ist entsetzt und fürchtet um das Image der Stadt. Sie möchte die Demonstration verbieten. Erstens verstießen rechtsradikale Demonstrationen ohnehin gegen die freiheitlich-demokratische Grundordnung; sie seien deshalb gar keine Demonstrationen im Rechtssinne. Zweitens sei DW als rechtsradikale Partei zu verbieten und dürfe deshalb auch keine Reklame durch eine Demonstration machen. Drittens sei mit einer gewalttätigen Gegendemonstration durch autonome Gruppen zu rechnen. Schließlich sei bekannt geworden, daß bei der Demonstration Hakenkreuzfahnen getragen werden sollten. Der Leiter des Rechtsamts hat allerdings Bedenken, ob ein Verbot wirklich möglich sei. Er bittet Sie als Praktikant im Rechtsamt um eine Stellungnahme zur verfassungsrechtlichen Zulässigkeit des Verbots.

I. Grundlagen

Standardaufbau der Grundrechtsprüfung:
- Schutzbereich
- Eingriff
- Schranken

Struktur des Art. 8 GG:
- Abs. 1 (geschlossene Räume): vorbehaltslos
- Abs. 2 (freier Himmel): Gesetzesvorbehalt

II. Schutzbereich

1. Versammlung

a) innere Verbindung durch gemeinsame Zweckverfolgung ≠ Ansammlung

b) Inhalt des gemeinsamen Zwecks (str.):

z.T.: gemeinsame Meinungsbildung und -äußerung in öff. Angelegenheiten

z.T.: gemeinsame Meinungsbildung und -äußerung in beliebigen Angelegenheiten

z.T.: jeder Zweck

c) Zwei, drei oder sieben? → hL: 2

2. "friedlich und ohne Waffen"

friedlich = kein gewalttätiger oder aufrührerischer Verlauf

beachte: Unfriedlichkeit Einzelner ≠ Unfriedlichkeit der Versammlung insgesamt

3. Schutzumfang

Organisation, Vorbereitung, Durchführung, Beendigung der Versammlung

III. Eingriff

klare Fälle: z.B. Erlaubnispflicht, Verbote, Auflösung, Behinderung im Vorfeld

Problem: Überwachungsmaßnahmen

IV. Schranken

1. Unter freiem Himmel → Gesetzesvorbehalt

→ insbes. (noch) VersG

freier Himmel im Stadion? → wohl nein

Anmeldepflicht, § 14 VersG?

2. in geschlossenen Räumen → kollidierendes Verfassungsrecht

VersG als Konkretisierung der verfassungsrechtlichen Ergebnisse

B. Grundrechtsträger und Grundrechtsverpflichtete

I. Grundrechtsträger

1. Natürliche Personen

a. Jedermannsrechte und Deutschenrechte (Menschen- und Bürgerrechte)

Beschränkungen bestimmter Grundrechte auf "Deutsche"

Europarechtliche Problematik

b. Grundrechtsmündigkeit

- Grundgedanke der Grundrechtsmündigkeit
  z.T.: nach Einsichts- und Entscheidungsfähigkeit im Einzelfall
  z.T.: nach den gesetzgeberischen Grenzen

- analytische Auflösung der Grundrechtsmündigkeit → drei
  Problemkreise
  - Freiheitsbeschränkung durch Staat
  - Prozessuale Mittel, insbes. VB
  - Konflikt mit Erziehungsrecht der Eltern (Art. 6 II GG)

c. pränatal und post mortem

→ grds. nur Lebende geschützt

Ausnahmen: Menschenwürde; Schutz des Ungeborenen

2. Juristische Personen des Privatrechts

Art. 19 III GG:

a) juristische Person → (Teil-)Rechtsfähigkeit

b) inländisch → nach *effektivem* Sitz, also nach tatsächlichem Mittelpunkt der Tätigkeit

<u>beachte</u>: lt. BVerfG stehen ProzeßGRe auch ausländischen jur. Personen zu!

c) wesensmäßige Anwendbarkeit → nicht bei GRen, die an nur bei Menschen bestehende Sachlagen anknüpfen (z.B. Würde, Leben, Kinder, Ehe)

3. Juristische Personen des Öffentlichen Rechts

→ grds. keine Grundrechtsberechtigung

a) Ausnahmen:

- Prozeßgrundrechte schützen auch jur. Personen des öff. Rechts

- Einrichtungen des Staates, die Grundrechte in einem Bereich verteidigen, in dem sie vom Staat unabhängig sind, sind insofern Grundrechtsträger

b) Sonderfall: jur. Person des Privatrechts mit staatlicher Beteiligung:

- keine Grundrechtsberechtigung, wenn allein Staat Träger der Person

- bei gemischter Beteiligung keine Grundrechtsberechtigung, insbesondere nicht, wenn Staat entscheidenden Einfluß hat (str.)

II. Grundrechtsverpflichtete

1. Staat

a. Grundsatz:

Art. 1 III GG: alle staatliche Gewalt ist gebunden

b. Problem: Handeln der Verwaltung nach Privatrecht

(1) Klassische Einteilung:

- Fiskalische Hilfsgeschäfte zur Bedarfsdeckung

- Erwerbswirtschaftliche Betätigung (Staat als Unternehmer)

- Verwaltungsaufgaben in privatrechtlicher Form (=
  Verwaltungsprivatrecht)
  → Wahlfreiheit bezüglich Organisationsform <u>und</u> (bei ör Organisation)
  bezügl. Leistungsverhältnis

---

(2) Zentrale Frage: Bindung an Grundrechte und andere öff.-rechtl.
Grundsätze:

- Verwaltungsprivatrecht: Vw kann sich durch Wahl des Privatrechts
  nicht den ör Bindungen entziehen
  Vw stehen nur die Rechtsformen, nicht die Freiheiten und
  Möglichkeiten der Privatautonomie zur Verfügung

- i.Ü.: str.
  - Rspr. und Teile der Lit.: keine unmittelbare Grundrechtsbindung
  - starke Lit.: unmittelbare Geltung der GRe
  <u>aber</u>: auch Rspr. befürwortet mittelbare Drittwirkung der GRe und i.E.
  uneingeschränkte Bindung an Gleichheitssatz (Willkürverbot)

2. Private - Die Drittwirkung

a. Unmittelbare Drittwirkung

ganz hM: Grundrechte wirken mangels ausdrücklicher Regelung im GG nicht unmittelbar im Verhältnis zwischen Privatpersonen → Zweck und Bedeutung der GRe

MM: kann in bestimmten Fällen bestehen

Problem:
- in Privatrechtsstreitigkeiten entscheiden Gerichte, die aber ihrerseits als Teil der Staatsmacht grundrechtsgebunden sind
- alle privatrechtlichen Pflichten beruhen letztlich auf staatlicher Rechtsmacht

Lösung der ganz hM:
- Verfahrensanforderungen an Gerichte ≠ Entscheidungsmaßstäbe in der Sache
- zivilrechtliche Gesetze als solche müssen mit Grundrechten vereinbar sein, die in ihrem Rahmen geschlossenen Privatrechtsgeschäfte nicht

b. Mittelbare Drittwirkung

Ausstrahlungswirkung der Grundrechte auch im Privatrecht, insbes. über Generalklauseln (z.B. §§ 138, 242, 826 BGB)

3. Supranationale Gewalt

grds. nur Bindung der deutschen staatlichen Gewalt, wo auch immer ausgeübt

Sonderfall Gemeinschaftsrecht: Art. 23 I 1 GG (i.E. sehr str.):
- Grds.: Vorrang des Gemeinschaftsrechts
- Sicherheitsventil: Art. 23 I 1 GG
- soweit der deutschen Staatsgewalt vom Europarecht Spielräume bei Anwendung oder Umsetzung gewährt werden, sind dabei die Grundrechte zu beachten

C. Eingriff und Schranken

I. Eingriff

Schutzbereich = was wird geschützt
Eingriff = wogegen wird geschützt

a) klarer Fall: klassischer Grundrechtseingriff, d.h. die finale, normative und unmittelbare, imperative Belastung des Bürgers

b) aber: auch andere staatliche Maßnahmen können ohne weiteres Eingriffe sein, der klassische Eingriffsbegriff wird heute nicht als Grenze verstanden

Eingriff kann jede Beeinträchtigung des Schutzbereichs eines Grundrechts durch staatliches Handeln sein, aber:
keine allgemeingültige Formel, wann ein Eingriff anzunehmen ist

topoi bei der Argumentation:
- Beeinträchtigung ≠ bloße Belästigung (Bagatellvorbehalt)
- Finalität
- Unmittelbarkeit

II. Schranken

→ Keinesfalls ist jeder Eingriff in ein Grundrecht bereits verfassungswidrig!

1. Arten von Grundrechtsschranken

a. verfassungsunmittelbare Schranken

(z.B. Art. 9 II, 13 VII 1. Fall GG)

b. Gesetzesvorbehalt

- einfacher Gesetzesvorbehalt

- qualifizierter Gesetzesvorbehalt

unterscheide vom grundrechtlichen Gesetzesvorbehalt:
- Gesetzesvorbehalt
- Parlamentsvorbehalt
- Wesentlichkeitstheorie

c. verfassungsimmanente Schranken

Nicht einschränkbare GRe können begrenzt werden durch:
- kollidierende GRe Dritter, oder
- andere mit Verfassungsrang ausgestattete Rechtswerte (str.).
Dabei ist Ausgleich anzustreben, sonst Einzelfallentscheidung über Vorrang

Herleitung: systematische Verfassungsinterpretation, Einheit der Verfassung, praktische Konkordanz

Gesetzesvorbehalt gilt auch hier

praktischer Unterschied zu Vorbehaltsklauseln:
- für den Eingriff sprechende Werte müssen Verfassungsrang haben
- die Abwägung unterliegt nicht dem nur begrenzt überprüfbaren Einschätzungsspielraum des Gesetzgebers, sondern voller gerichtlicher Überprüfung

2. Verhältnismäßigkeit

a. Hintergrund

kein Leerlaufen der GRe durch Gesetzesvorbehalt

b. Prüfungsfolge

(1) Zwecksetzung des Gesetzgebers

→ Einschätzungsprärogative des Gesetzgebers (nicht des Klausurschreibers!) aufgrund Demokratieprinzip

(2) Geeignetheit

das Mittel muß den Zweck fördern können
→ Gesetzgeber hat Einschätzungsspielraum

(3) Erforderlichkeit

kein gleich wirksames, milderes Mittel
→ Gesetzgeber hat Einschätzungsspielraum

(4) Angemessenheit/Zumutbarkeit (=Verhältnismäßigkeit i.e.S.)

Abwägung zwischen Zweck und Mittel
→ Einschätzungsspielraum des Gesetzgebers, d.h. Angemessenheit nur nicht gewahrt, wenn Abwägungsergebnis *offensichtlich* fehlsam oder mit der Wertordung des GG unvereinbar; Zumutbarkeit für GR-träger muß gerade noch gewahrt sein

beachte: der Verwaltung steht i.R.d. Verhältnismäßigkeitsgrundsatzes <u>kein</u> Einschätzungsspielraum zu

3. Verfassungsmäßigkeit im übrigen

a. Zitiergebot (Art. 19 I 2 GG)

Sinn: Warnfunktion für Gesetzgeber

Problem: wird leicht zu leerer Förmlichkeit; unnötige Behinderung des Gesetzgebers

Ergebnis: zahlreiche Ausnahmen, die kaum einen Anwendungsbereich übriglassen
- nur wenn das jeweilige GR nach Wortlaut (≠ Sinn!) "durch Gesetz oder auf Grund eines Gesetzes" eingeschränkt werden kann
- auch dann noch enge Auslegung (nur Parlamentsgesetze; nicht vorkonstitutionelle Gesetze; nicht wenn lediglich bestehende Grundrechtsbeschränkung unverändert oder mit geringen Abweichungen wiederholt oder darauf verwiesen wird; nicht bei mittelbaren Grundrechtseingriffen)

b. Bestimmtheitsgebot

wg. Rechtsstaatsprinzips muß erkennbar sein, wann welcher Eingriff zugelassen ist

beachte: Generalklauseln sind aufgrund richterlicher Konkretisierungen bestimmt genug!

c. Verbot von Einzelfallgesetzen (Art. 19 I 1 GG)

→ bislang keinerlei praktische Bedeutung erlangt

Sinn: keine Verwaltungsakt in Gesetzesform (Gewaltenteilung); keine Grundrechtsprivilegien oder -diskriminierungen

aber: Maßnahme- und Anlaßgesetze sind zulässig

zudem: selbst echte Einzelfallgesetze können zulässig sein, wenn es nur einen zu regelnden Fall dieser Art gibt und die Regelung von sachlichen Gründen getragen wird

d. Wesensgehaltsgarantie (Art. 19 II GG)

klassischer, bis heute nicht letztlich gelöster Streit:

(1) absolute Theorien:

geschützt wird absoluter Kerngehalt, der für jedes GR einzeln zu bestimmen und keiner Abwägung mehr zugänglich ist;

aa) absolut-individuelle Theorie: dieser Kerngehalt muß in jedem Einzelfall gewahrt bleiben

bb) absolut-kollektive Theorie: keine Verletzung, wenn GR noch Bedeutung für soziales Leben im ganzen behält; Verletzung erst, wenn GR praktisch weitgehend außer Kraft gesetzt

(2) relative Theorie:

Wesensgehalt wird nicht nur für jedes GR, sondern auch für jeden Einzelfall durch Interessenabwägung gewahrt → Verhältnismäßigkeit

4. Prüfungsaufbauten

a. Grundschema Grundrechtsprüfung:

1. Schutzbereich
2. Eingriff
3. Schranken: ausdrücklich/immanent
 a. Gesetz
 b. spezifische Anforderungen des GRs
 c. Verhältnismäßigkeit
 d. im übrigen verfassungsgemäß
  [Prüfung oft auch vor Verhältnismäßigkeit]

b. Grundschema Rechtmäßigkeitsprüfung eines Gesetzes:

1. formelle Verfassungsmäßigkeit
 a. Zuständigkeit (Art. 70ff., 83ff. GG)
 b. Verfahren (Art. 76, 77 GG)
 c. Form (Art. 82 GG)
2. materielle Verfassungsmäßigkeit
 a. Grundrechte
 b. Strukturprinzipien (Art. 20 GG)
 (c. ggf.: Verwaltungskompetenzen, Art. 87ff.)

D. Menschenwürde (Art. 1 I GG); allg. Handlungsfreiheit, allg. Persönlichkeitsrecht (Art. 2 I GG)

I. Menschenwürde als "oberster Wert"

1. Grundrechtscharakter

z.T.: kein Grundrecht, nur obj. Grundprinzip
Arg: Wortlaut Art. 1 III GG; proklamatorische Unbestimmtheit; lückenloser Schutz

z.T.: Grundrecht
Arg: Überschrift Abschnitt I; Entstehungsgeschichte; auch GRe weisen proklam. Unbestimmtheit auf

→ i.E. unerheblich, da auch in VB jdf. über Art. 2 I GG geltend zu machen

beachte: jdf. auch Schutzpflicht, Art. 1 II GG

2. Eingriff in den Schutzbereich

- mögliche Grundgedanken:
  - Würde aufgrund Eigenwerts des Menschen
  - Würde aufgrund Eigenleistung des Menschen

- Objektformel: Mensch darf nicht zum bloßen Objekt, zu einem bloßen Mittel, zur vertretbaren Größe herabgewürdigt werden;
  "genauer":
  - keine Behandlung, die Subjektsqualität prinzipiell in Frage stellt;
  - keine Behandlung, die Ausdruck der Verachtung des Wertes ist, der dem Menschen kraft seines Personseins zukommt

- typische Fallkonstellationen z.B.: Sklaverei, Folter, Menschenhandel, Gehirnwäsche, systematische Erniedrigung, Entzug des Existenzminimums

  problembeladen z.B.: Kind als Schaden; Fortpflanzungsmedizin; Forschung an embryonalen Stammzellen, Lügendetektor

  keine "kleine Münze"

3. Schranken

→ keine!: Jeder Eingriff in den Schutzbereich ist automatisch eine Verletzung.

II. Allgemeine Handlungsfreiheit, Art. 2 I GG

1. Der Streit um den Schutzbereich

a. ältere Auffassung: Persönlichkeitskerntheorie

nur Entfaltung im Kern der Persönlichkeit erfaßt, der das Wesen des Menschen als geistig-sittliche Person ausmacht

Arg:
- Wortlaut
- Schranke der "verfassungsm. Ordnung" innerhalb GG einheitlich auszulegen

b. ganz hM: Allgemeine Handlungsfreiheit (Elfes)

jede Handlung, jeder Zustand und jede Rechtsposition geschützt
→ Eingriff ist jede Belastung des Bürgers mit einem Nachteil

Arg:
- Entstehungsgeschichte ("Jeder kann tun und lassen was er will.")
- "verfassungsm. Ordnung" kann weit ausgelegt werden: Gesamtheit der formell und materiell verfassungsgemäßen Normen

c. Sondervotum Grimm ("Reiten im Walde")

nur individuelles Verhalten geschützt, das eine gesteigerte, dem Schutzgut der übrigen Grundrechte vergleichbare Relevanz für die Persönlichkeitsentfaltung besitzt
Arg: - Gefahr einer Banalisierung der Grundrechte
contra: - Gefahr der Bevormundung des Bürgers

möglicher Hintergrund: Belastung des BVerfG mit VBen

2. Konsequenzen der hM

- Art. 2 I GG ist Auffanggrundrecht

- Art. 2 I GG bezieht jede beliebige Verfassungswidrigkeit in die VBe ein

  beachte: das gilt i.E. auch für alle anderen Grundrechte

3. Die Schrankentrias (nach hM)

- verfassungsmäßige Ordnung = Gesamtheit der formell und materiell verfassungsgemäßen Normen

- Rechte anderer = alle subjektiven Rechte → in "verfassungsmäßiger Ordnung" bereits enthalten

- Sittengesetz = sittliche Wertungen soweit in RO positiviert → in "verfassungsmäßiger Ordnung" bereits enthalten (str.)

III. Allgemeines Persönlichkeitsrecht, Art. 2 I i.V.m. 1 I GG

ungeschrieben; richterrechtlich entwickelt; entwicklungsoffen

1. Systematisierung des Schutzbereichs

- "engere persönliche Lebenssphäre" = autonomer Bereich privater Lebensgestaltung, in dem der Einzelne seine Individualität entwickeln und wahren kann

- Schutz des Einzelnen bei/vor Darstellung in der Öffentlichkeit

- Recht auf informationelle Selbstbestimmung = Recht selbst zu entscheiden, wann und innerhalb welcher Grenzen persönliche Lebenssachverhalte offenbart werden

- Recht auf Gewährleistung der Vertraulichkeit und Integrität informationstechnischer Systeme (sog. Computergrundrecht)

2. Schranken

a. Schrankentrias

gilt ebenfalls; Besonderheit:

i.d.R. strengere Verhältnismäßigkeitsprüfung, orientiert an Eingriffsschwere

b. sog. Sphärentheorie

- Intimsphäre (letzter, unantastbarer Bereich privater Lebensgestaltung) → keine Eingriffsbefugnis des Staates
- Privat- oder Geheimsphäre → Eingriffe nur unter besonders strenger Wahrung der Verhältnismäßigkeit
- Sozialsphäre → normale Kriterien

Kritik:
- kaum abgrenzbar
- können subjektiv unterschiedlich sein
- geht besser über Verhältnismäßigkeit

beachte: i.R.d. informationellen Selbstbestimmung kommt es nicht auf die Sphäre an, da es "kein belangloses Datum" gibt

E. Berufsfreiheit, Art. 12 GG

I. Grundkonzeption ≠ Wortlaut

einheitliches, unter Gesetzesvorbehalt stehendes Grundrecht der Berufsfreiheit, Art. 12 I GG

daneben: Arbeitszwang, Art. 12 II GG; Zwangsarbeit, Art. 12 III GG

II. Schutzbereich

1. Beruf

= jede auf Dauer berechnete, erlaubte Tätigkeit, die der Aufrechterhaltung oder Begründung eines Lebensunterhalts dient

- problematisch: "erlaubt"
  - entweder bezogen auf Tätigkeit als solche, unabhängig von beruflicher Vornahme
  - oder im Sinne von schlechthin gemeinschaftsschädlich
- nicht nur typisierte Berufe (Berufsbilder), sondern auch untypische

2. Ausbildungsstätte

= Einrichtung, die die für einen Beruf erforderliche Ausbildung vermittelt

3. Arbeitsplatz

= Stelle, an der ein Beruf ausgeübt wird

4. Aufbauprobleme

aufgrund des einheitlichen Schutzbereichs *kann* die Frage nach Berufswahl oder -ausübung ausdrücklich auf die Schrankenebene verschoben werden, wo die Differenzierung auch erst im Ergebnis relevant wird;
in unproblematischeren Fällen sollte die Einordnung schon beim Schutzbereich erfolgen

III. Eingriff

BVerfG: nicht jede Beeinträchtigung sondern nur Eingriffe mit "objektiv berufsregelnder Tendenz" (str.)

contra:
- entspricht nicht Stand der Grundrechtsdogmatik im übrigen
- kein besonderer Grund für abweichende Behandlung bei Berufsfreiheit
- unberechenbare Handhabung in verfassungsgerichtl. Praxis
- verwischt Grenze zu Art. 2 I GG

IV. Schranken

1. Die 3-Stufen-Theorie als Ausprägung der Verhältnismäßigkeit

Geeignetheit, Erforderlichkeit → übliche Prüfung; i.Ü. Angemessenheit:

- Berufsausübung → soweit vernünftige Erwägungen des Gemeinwohls es zweckmäßig erscheinen lassen

- Berufswahl → soweit der Schutz besonders wichtiger Gemeinschaftsgüter es zwingend erfordert; dabei:

  - subjektive Zulassungsvoraussetzungen → nicht außer Verhältnis zum angestrebten Zweck der ordnungsgemäßen Erfüllung der Berufstätigkeit

  - objektive Zulassungsvoraussetzungen → nur zur Abwehr nachweisbarer oder höchstwahrscheinlicher schwerer Gefahren für ein überragend wichtiges Gemeinschaftsgut

Sinn: je intensiver der Eingriff, desto höher die Rechtfertigungsanforderungen

beachte auch: Gesetzgeber muß Lösung auf möglichst niedriger Stufen suchen (Erforderlichkeit)

2. Abgrenzungsprobleme

a. Wahl oder Ausübung? - Die Berufsbilder

eine besondere Art der beruflichen Betätigung ist ein Fall der Berufswahl, wenn diese besondere Art als eigener Beruf gilt

eigener Beruf, wenn eigenes soziales Gewicht, d.h.:
- traditionell als eigener Beruf gilt, oder
- wenn Gesetzgeber Berufsbild geschaffen
→ sog. Berufsbildlehre

beachte: auch die Fixierung eines Berufsbildes ist ein Eingriff in den Schutzbereich

b. Objektive oder subjektive Zulassungsvoraussetzungen

objektiv: dem Einfluß des Betroffenen entzogen und von seiner Qualifikation unabhängig

subjektiv: persönliche Eigenschaften, Fähigkeiten oder Fertigkeiten
(≠ individuell erfüllbar -> typ. Fehlerquelle)

beachte: diese Differenzierung ist auf Ausbildungsstätte und Arbeitsplatz übertragbar

3. Durchbrechungen der Stufentheorie

keine schematische Durchführung der 3-Stufen-Theorie (Anfängerfehler!)

die Anforderungen einer Stufe können auf die andere übertragen werden; z.B. Berufsausübungsregelung wirkt so gravierend, daß wie Berufswahl zu behandeln

Arg: Stufentheorie als Ausprägung der Verhältnismäßigkeit

F. Grundrechtsfunktionen; Kollisionen und Konkurrenzen

I. Klassische Grundrechtsfunktionen (Jellinek)

1. status negativus

Freiheit vom Staat → Abwehrrechte

2. status positivus

Freiheit nicht ohne Staat → Anspruchs-, Schutzgewähr-, Teilhabe-, Leistungs-, Verfahrensrechte

Exkurs: präventives Verbot mit Genehmigungsvorbehalt

3. status activus

Freiheit im und für den Staat → staatsbürgerliche Rechte

II. Die subjektive Funktion: Grundrechte als Abwehrrechte

Grundrechte sind in erster Linie Abwehrrechte des Bürgers gegen den Staat!

→ Bürger hat ein Recht, daß Eingriffe unterbleiben; ggf. Beseitigungsansprüche

III. Die objektiven Funktionen

1. Grundrechte als Einrichtungsgarantien

Institutsgarantien: im PrivatR

institutionelle Garantien: im öffentlichen Recht

beachte: kann auch das subj. Recht verstärken

2. Grundrechte als Auslegungs- und Entscheidungsmaßstab

a. grundrechtskonforme Auslegung

bei verfassungsmäßigen und verfassungswidrigen Auslegungsmöglichkeiten im einfachen Recht ist eine verfassungsmäßige zu wählen

Grenze: keine völlige Neubestimmung des Gesetzesinhalts

unterscheide: sog. grundrechtsorientierte Auslegung → Wahl der "grundrechtsfreundlichsten" Auslegungsmöglichkeit

b. objektive Wertordnung

hM: Grundrechte errichten eine objektive Wertordnung, die als verfassungsrechtliche Grundentscheidung für alle Bereiche des Rechts gilt und Richtlinien und Impulse für Gesetzgebung, Verwaltung und Rechtsprechung gibt

MM: Nebelbegriff; Inhalt ergibt sich schon aus obj. Komponente und Art. 1 I 2, II GG; Gefahr daß GRe plötzlich Eingriffe legitimieren statt sie abzuwehren

3. Vornahmerechte aus Grundrechten

a. Grundrechte als Schutzpflichten

Verpflichtungen des Staates, den Einzelnen vor Eingriffen durch Dritte zu bewahren

(1) Menschenwürde, Art. 1 I GG: ausdrücklich

(2) Mütter, Art. 6 IV GG: ausdrücklich

(3) sonst: erhebliche Entscheidungsfreiheit des Gesetzgebers; Grundgesetz schreibt nur das Minimum an Schutz vor; Bestimmung: je bedeutsamer das Schutzgut, je größer die Gefährdung und je weniger der Einzelne sich wehren kann, desto höher ist die staatliche Schutzpflicht

gesetzgeberisches Ermessen: BVerfG prüft nur, ob Gesetzgeber Schutzvorkehrungen entweder überhaupt nicht getroffen hat oder die Vorkehrungen gänzlich ungeeignet oder völlig unzulänglich sind

beachte: Schutzpflichten vermitteln subj. Rechte

b. Grundrechte als Leistungsrechte

- Inhalt des Begriffs: i.d.R. subj. Rechte (Ansprüche); sog. soziale GRe jedenfalls unter dem Vorbehalt des Möglichen

- pro:
  - Freiheitsrechte wertlos ohne Voraussetzungen ihrer Inanspruchnahme
  - Freiheit heute hängt oft von staatlichen Aktivitäten ab
  - faktische Freiheit bedarf aufgrund ihrer Bedeutung der Absicherung
  - obj. Wertordnung fordert freie Entfaltung, damit Mindestmaß faktischer Freiheit

- contra:
  - BVerfG statt Parlament entscheidet → Gewaltenteilung, Demokratie
  - Haushaltskompetenz des Parlaments
  - Kollision mit Freiheitsrechten anderer
  - Abhängigkeit von Finanzkraft: Wirtschaftskrise würde Verfassungskrise

- anerkannt für:
  - Existenzminimum aus Art. 1 I, 2 II 1 GG (ganz hM)
  - Privatschulsubventionierung aus Art. 7 IV GG (BVerfG; str.)

c. Grundrechte als derivative Teilhaberechte

im Rahmen des Art. 3 I GG gleiche Teilhabe an vom Staat ohnehin gewährten Leistungen

unter dem Vorbehalt des Möglichen

d. Grundrechte auf Organisation und Verfahren

GRe fordern, daß Verfahrens- und Organisationsnormen so beschaffen sind, daß das Ergebnis mit hinreichender Wahrscheinlichkeit und in hinreichendem Maße grundrechtsgemäß ist

IV. Konkurrenzen

- Tatbestandliche Ebene: Sind wirklich mehrere Grundrechte zugleich betroffen? → Ausschluß von Scheinkonkurrenzen

- Regelfall: Schutzakkumulation, d.h. alle GRe nebeneinander anwenden; 2 Möglichkeiten:
  - auch im Prüfungsaufbau (Regel)
  - Berücksichtigung von Schranken und Rechtsgütern des einen GRs im Rahmen des anderen (Ausnahme)

- Spezialität (Verdrängung) nur ausnahmsweise (insbes. Art. 2 I GG)

→ Konkurrenzfragen bedürfen regelmäßig keiner Erörterung

G. Kommunikations-, Kunst- und Wissenschaftsfreiheit, Art. 5 GG

I. Fünf Grundrechte des Art. 5 GG

- Meinungsfreiheit
- Informationsfreiheit
- Pressefreiheit
- Rundfunkfreiheit
- Filmfreiheit

II. Meinungsfreiheit

1. Schutzbereich

a. Meinungen

jede Stellungnahme, jedes Dafürhalten, jedes Meinen im Rahmen einer geistigen Auseinandersetzung; d.h. Werturteile, unabhängig von "Richtigkeit" oder "Wert";
aber: nicht wenn Druckmittel statt geistige Auseinandersetzung

b. Tatsachenbehauptungen

geschützt, wenn und soweit sie Voraussetzungen für die Bildung von Meinungen sind

nicht geschützt ist die bewußte Lüge und die im Zeitpunkt der Äußerung evidente Unwahrheit

---

Abgrenzung oft schwierig; Tatsachen sind dem Beweis zugänglich;

wenn Meinung und Tatsache eine Sinneinheit bilden, ist einheitlich von einer Meinung auszugehen

beachte: auch Fragen sind geschützt

auch negative Meinungsfreiheit geschützt

2. Eingriff

geschützt v.a.: Äußerung, Empfangbarkeit, Modalitäten der Äußerung

3. Schranken

Art. 5 II GG
(beachte ggf. auch Art. 17a, 9 II, 18, 21 II GG)

a. Begriff der "allgemeinen Gesetze"

BVerfG: jedes formelle oder materielle Gesetz, das sich nicht gegen die Äußerung einer Meinung als solche richtet, sondern dem Schutz eines schlechthin, ohne Rücksicht auf eine bestimmte Meinung zu schützenden Rechtsgutes dient, das gegenüber der Betätigung der Meinungsfreiheit den Vorrang hat

→ Sonderrechtslehre + Abwägungslehre

b. Jugendschutz und Ehre

c. Wechselwirkung

Abwägung zwischen Meinungsfreiheit und entgegenstehenden Interessen
→ differenzierte Rechtsprechung des BVerfG

---

(1) Tatsachenbehauptung

- wahr: grds. Vorrang Meinungsfreiheit; kein Vorrang bei Intimsphäre

- unwahr: grds. kein Vorrang Meinungsfreiheit vor Ehrenschutz; anders u.U., wenn bei Ermittlung Sorgfaltspflichten beachtet

(2) Werturteile

- Vorrang des Ehrenschutzes bei Menschenwürde oder Schmähkritik

- i.Ü.: Abwägung im Einzelfall

d. Zensurverbot

ist eine Schranken-Schranke

verbietet nur die Vorzensur, nicht die "Nachzensur"

4. objektive Wirkungen

- bei Auslegung der Äußerung müssen alle Möglichkeiten erwogen und dem Bürger nachteilige Auslegungen mit überzeugenden Gründen abgelehnt werden

- bei Auslegung von meinungsbeschränkenden Normen: keine überhöhten Anforderungen an Zulässigkeit von Kritik oder an Sorgfaltspflichten bei Tatsachenermittlung hineinlesen

- bei der Abwägung i.R.d. Wechselwirkung spricht eine Vermutung für die Meinungsfreiheit, wenn es sich um eine Auseinandersetzung in einer die Öffentlichkeit wesentlich berührenden Frage handelt

III. Informationsfreiheit

Informationsquellen = jeder Träger von Informationen

allgemein zugänglich = geeignet und bestimmt, der Allgemeinheit, also einem individuell nicht bestimmbaren Personenkreis, Informationen zu verschaffen

Problem: allgemeine rechtliche Beschränkungen der Allgemeinzugänglichkeit?
hM: grds. faktisch ("technisch") zu bestimmen; Ausnahme, wenn Quelle ihre Allgemeinzugänglichkeit von vornherein einer staatlichen Entscheidung verdankt

geschützt: auch Voraussetzungen des Entgegennehmens oder Beschaffens; aber: keine staatliche Beschaffungspflicht

IV. Pressefreiheit

Presse = alle zur Verbreitung an die Allgemeinheit bestimmten Druckerzeugnisse

heute auch audiovisuelle Speichermedien

weiter Gewährleistungsumfang von der Informationsbeschaffung bis zur Verbreitung der Nachrichten und Meinungen

grundrechtsberechtigt sind auch die Mitarbeiter von Presseverlagen → schwierige Drittwirkungs- und Abwägungsprobleme ("innere Pressefreiheit"?)

beachte: Meinungsäußerungen auch in Presseorganen werden bereits von der Meinungsfreiheit erfaßt, fallen nicht unter die Pressefreiheit

V. Rundfunkfreiheit

1. Schutzbereich

Rundfunk = Veranstaltung und Verbreitung von Darbietungen für einen unbestimmten Personenkreis mithilfe elektrischer Schwingungen
Darbietungen = im Interesse der Empfänger redaktionell verantwortete und aufbereitete Inhalte

grundrechtsberechtigt: jedermann (heute ganz hM)

von der Informationsbeschaffung bis zur Verbreitung

→ ganz eigenständige Ausformung durch das BVerfG:

2. Die duale Rundfunkordnung

→ Staatsfreiheit des Rundfunks

a. Demokratische Funktion und dienende Freiheit

Rundfunk als wichtigstes und breitenwirksamstes Massenkommunikationsmittel

nicht bloßes Abwehrrecht, sd. dienende Freiheit

b. Einführung der dualen Rundfunkordnung

Pflicht zur Freiheitssicherung, nicht zur dualen Rundfunkordnung

aber: Voraussetzungen für privaten Rundfunk dürfen diesen nicht wieder hochgradig erschweren oder ausschließen

beachte: Abschaffung verstieße gegen Europarecht

c. Anforderungen an die duale Rundfunkordnung: Grundversorgung und Pluralismus

(1) Grundversorgung durch öffentlich-rechtliche Anstalten

Grundversorgung ≠ Mindestversorgung

Grundversorgung:
- für Gesamtheit Bevölkerung
- umfassende Information in voller Breite des klassischen Rundfunkauftr.
- Meinungsvielfalt sichern

keine Aufgabenverteilung ggü. Privatsendern

dynamisches Verständnis

(2) Anforderungen an private Veranstalter

gleichgewichtige Vielfalt auch bei Privatveranstaltern

Staatsfreiheit

Freiheit vom freien Markt

d. Kritik der dualen Rundfunkordnung

intensive, auch ideologische Diskussion

freier, außenpluraler Markt könnte ausreichen:

- geänderte technische und wirtschaftliche Gegebenheiten

- Vergleichbarkeit mit Pressemarkt

- allgemeine Vorteile: Deregulierung; Markt vor Staat

---

contra:

- technische und wirtschaftliche Hindernisse nur abgeschwächt

- keine gewachsenen Strukturen wie Pressemarkt

- Gefahr der Unterrepräsentierung wirtschaftl. schwacher Gruppen

- Werbefinanzierung

- Konzentration auf attraktive Regionen

- Dauerhaftigkeit der Vielfaltsgarantie

VI. Filmfreiheit

Schutzgut: Vorführung von Trägern bewegter Bilder in der Öffentlichkeit

→ kaum eine praktische Rolle; oft steht Kunstfreiheit im Vordergrund

VII. Kunstfreiheit

Was ist Kunst?:
- Definition widerspricht Wesen der Kunst
- Begriffsbestimmung für rechtliche Beurteilung unabdingbar
- weites Verständnis und weitere Indizien

drei klassische Kunstbegriffe:

- formal: Zuordnung zu bestimmtem Werktyp

- materiell: freie schöpferische Gestaltung, in der Eindrücke, Erfahrungen, Erlebnisse des Künstlers durch das Medium einer Formensprache zu unmittelbarer Anschauung gebracht werden (Standardbegriff des BVerfG)

- offen: Mannigfaltigkeit ihres Aussagegehalts ermöglicht es, der Darstellung im Wege einer fortgesetzten Interpretation immer weiterreichende Bedeutungen zu entnehmen, so daß sich eine praktisch unerschöpfliche, vielstufige Informationsvermittlung ergibt

Kunsthandwerk ≠ Kunst

geschützt:
- Werkbereich
- Wirkbereich

VIII. Wissenschaftsfreiheit

Wissenschaft = auf wissenschaftlicher Eigengesetzlichkeit beruhende Prozesse, Verhaltensweisen und Entscheidungen beim Auffinden von Erkenntnissen, ihrer Deutung und Weitergabe
einfacher: = Forschung + Lehre

Forschung = nach Inhalt und Form ernsthafter, planmäßiger Versuch der Ermittlung der Wahrheit in methodisch geordnetem Verfahren auf höherem Kenntnisstand

Lehre = wissenschaftlich fundierte Übermittlung der durch Forschung gewonnenen Erkenntnisse

Träger:
- jeder der eigenverantwortlich wissenschaftlich tätig ist/werden will
- juristische Personen, Universitäten, Fakultäten

neben der Abwehr- v.a. auch objektive Dimension: Anspruch auf Schutz und Förderung, aber gesetzgeberischer Gestaltungsspielraum

---

H. Exkurs: Die Verfassungsbeschwerde

I. Grundschema der Prüfung

A. Zulässigkeit
I. Antragsberechtigung
II. Beschwerdegegenstand
III. Beschwerdebefugnis
  1. selbst
  2. gegenwärtig
  3. unmittelbar
IV. Rechtswegerschöpfung und Subsidiarität
V. Form und Frist
B. Begründetheit
  → Grundrechtsaufbau (i.d.R: Schutzbereich, Eingriff, Schranken)

II. Die Zulässigkeitsprüfung

1. Antragsberechtigung, § 90 I BVerfGG

"jedermann" = jede grundrechtsfähige Person

2. Beschwerdegegenstand, § 90 I BVerfGG

jeder Akt der öff. Gewalt
<u>beachte</u>: keine Beschränkung wie bei Art. 19 IV GG

3. Beschwerdebefugnis, § 90 I BVerfGG

Behauptung des Bf., in einem seiner Grundrechte oder grundrechtsgleichen Rechte verletzt zu sein

---

a. Möglichkeit einer Grundrechtsverletzung

→ oft problemlos zu bejahen!; allenfalls:

- kann Bf. Inhaber des *konkret* gerügten GRs sein?
  (→ z.B. Deutschengrundrechte; ausl. jur. Personen)

- *evident* fehlende Betroffenheit in den gerügten Grundrechten?
  (kaum in Prüfungsarbeiten)

b. "selbst, gegenwärtig und unmittelbar betroffen"

(1) selbst

Bf. muß in eigenen Grundrechten betroffen sein ≠ Popularklage

→ liegt jdf. vor, wenn der angegriffene Akt sich gegen den Bf. selbst richtet

(2) gegenwärtig

aktuell und nicht erst virtuell, irgendwann in der Zukunft, betroffen

(3) unmittelbar

= ohne weiteren Vollzugsakt;
betrifft VBen gegen Normen

Sinn: Vorklärung von Tatsachen und einfachrechtlichen Fragen

Ausnahmen:
- gegenwärtig entscheidende Dispositionen
- Strafrecht oder OWi

---

4. Rechtswegerschöpfung und Subsidiarität

- Rechtweg, § 90 II 1 BVerfGG: Ausschöpfung des Instanzenzugs soweit besteht
  (Ausnahme des § 90 II 2 BVerfGG → kaum in Übungsarbeit)

- Subsidiarität: Bf. muß auch im übrigen alle zumutbaren Möglichkeiten ausschöpfen, Rechtsschutz durch die Fachgerichte zu erlangen

Standardprobleme:
- einstweiliger Rechtsschutz
- Rügepflicht für GRverletzung bereits im fachgerichtlichen Verfahren?

5. Form und Frist

- Schriftform, § 23 I 1 BVerfGG

- grds. Monatsfrist, § 93 I BVerfGG

- bei Gesetzen oder mangels Rechtsweg: Jahresfrist, § 93 III BVerfGG

III. Die Begründetheitsprüfung

→ Grundrechtsaufbau (i.d.R: Schutzbereich, Eingriff, Schranken)

IV. Die Verfassungsbeschwerde in der Praxis

1. Das allgemeine Register

2. Das Annahmeverfahren

es gibt keine Annahme-, sondern nur Nichtannahmebeschlüsse!

3. Die Praxis der Senatsverfahren

---

4. Das Problem des einfachen Rechts

- BVerfG ist kein Superrevisionsgericht; überprüft nur "spezifisches Verfassungsrecht"; Abgrenzung mithilfe der sog. Heck'schen Formel (BVerfGE 18, 85 <92f.>)

- willkürliche Rechtsanwendung ist verfassungswidrig (Art. 3 I GG oder Rechtsstaatsprinzip) → pot. Einfallstor für Überprüfung einfachen Rechts; enge Auslegung von Willkür erforderlich

5. Die Substantiierungserfordernisse

J. Gleichheitssatz, Art. 3 GG

Grundgedanke: gleiche Sachverhalte dürfen nicht unterschiedlich, unterschiedliche nicht gleich behandelt werden, es sei denn, ein abweichendes Vorgehen wäre sachlich gerechtfertigt

Ausprägungen im GG (besondere Gleichheitssätze): Art. 3 I; 3 II; 3 III; 6 V; 33 I-III; 38 I 1 GG;
ebenso Art. 21 I i.V.m. Art. 3, 28 I 2 GG (= Chancengleichheit der Parteien); Art. 140 GG i.V.m. 136 I, II WRV

I. Der allgemeine Gleichheitssatz, Art. 3 I GG

1. Prüfungsaufbau

Problem: sehr unterschiedliche Prüfungsaufbauten

Einfaches Grundschema:
1. Gleiches ungleich oder ungleiches gleich behandelt:
   a. gleiche/ungleiche Behandlung
   b. gleiche und ungleiche Eigenschaften
2. Rechtfertigung

2. Gleiche oder ungleiche Behandlung

Rechtsanwendungs- und Rechtssetzungsgleichheit erfasst

3. Gleiche und ungleiche Eigenschaften

a. Feststellung von Gleichheit/Ungleichheit

Problem: zwei verschiedene Gegenstände sind per Definition nicht gleich
Lösung: nicht Gegenstände, sd. deren Eigenschaften vergleichen

b. Lit. z.T.: Suche nach einem gemeinsamen Oberbegriff

- tertium comparationis: nur die Hinsicht, in der zwei Gegenstände verglichen werden

- gemeinsamer Oberbegriff (genus proximum) ohne eigenständige Bedeutung

- wichtiger Grundgedanke: für eine angegriffene Regelung müssen u.U. verschiedene Vergleichspaare geprüft werden

c. Lit. z.T.: Gleichheit/Ungleichheit muß wesentlich sein

"Wesentlichkeit" als Ausdruck der notwendigen Rechtfertigungsprüfung

Wertende Elemente bei Gleich-/Ungleichbehandlung aus gestaltender Sicht, nicht aus kontrollierender Sicht

4. Rechtfertigung

→ Vorliegen eines sachlichen Grundes für die Ungleich-/Gleichbehandlung

Problem: Maßstab für den "sachlichen Grund"

a. idealtypische Grundpositionen

- Willkürprüfung: gar kein sachlich einleuchtender Grund aufzufinden

- Verhältnismäßigkeitsprüfung: Differenzierungsziel geeignet, notwendig und angemessen im Hinblick auf Differenzierungskriterium

beachte auch sog. "neue Formel" (1980!) des BVerfG: Ungleichbehandlung verletzt Gleichheitssatz, wenn zwischen beiden Gruppen keine Unterschiede von solcher Art und solchem Gewicht bestehen, daß sie die ungleiche Behandlung rechtfertigen könnten

Hintergrund: Spielraum des Gesetzgebers

b. gestufte Prüfung

ansteigende Kontrolldichte von bloßer Willkür- bis zu strenger Verhältnismäßigkeitsprüfung

verschiedene Maßstäbe im "einleuchtenden Grund" bereits angelegt

vier Stufen ansteigender Prüfungsdichte (BVerfG):
1. rein verhaltensbezogene Merkmale
2. nicht persönlich beeinflußbare Merkmale
3. unmittelbar oder mittelbar personenbezogene Merkmale
4. personenbezogene Merkmale, die sich denen des Art. 3 III GG annähern

Kritik: praktische Abgrenzbarkeit der Stufen

vielfach akzeptierter Grundgedanke: Prüfungsmaßstab hängt davon ab, wie weit das Differenzierungskriterium den Menschen in seinen vorgegebenen, unbeeinflußbaren Merkmalen betrifft und deshalb den geschützten Kern seiner Individualität erfaßt

c. Besonderheiten der Verhältnismäßigkeitsprüfung beim Gleichheitssatz?

- z.T.: keine Besonderheiten: normale Zweck-Mittel-Relation zwischen Differenzierungskriterium und Differenzierungsziel

- z.T.: Entsprechungsprüfung statt Zweck-Mittel-Relation: können sachliche Gründe die Ungleichbehandlung im Hinblick auf die gleichen und ungleichen Eigenschaften aufwiegen?

5. Besondere Rechtsfolgen

bei gleichheitswidrigen Begünstigungen i.d.R. bloße Feststellung der Verfassungswidrigkeit ohne Nichtigkeitserklärung

II. Besondere Anforderungen aus Art. 3 II, III GG

1. Grundsatz

Verschärfung des Rechtfertigungsmaßstabs: die Kriterien des Art. 3 II, III GG rechtfertigen grds. gerade keine unterschiedliche Behandlung; Diskriminierungs-/Anknüpfungsverbot

2. verbotene Anknüpfungspunkte

Geschlecht (Abs. 3) = Männer und Frauen (Abs. 2)

Abstammung = biologische Beziehung zu Vorfahren

Rasse = Gruppe mit (vermeintlich) vererbbaren Merkmalen

Sprache

Heimat = emotional besetzte (hM) örtliche Herkunft eines Menschen nach Geburt oder Ansässigkeit

Herkunft = soziale, schichtenspezifische Abstammung

Glauben = religiöse Anschauungen (wie Art. 4 I GG)

politische Anschauungen

Behinderung = nicht nur vorübergehende Beeinträchtigung der körperlichen, geistigen oder seelischen Funktionen

3. Insbes.: Gleichberechtigung von Mann und Frau

a. Rechtfertigungsmöglichkeit

Ausnahme bei biologischen (≠ funktionalen) Unterschieden im Einzelfall

b. mittelbare Diskriminierung

erfasst, wenn erhebliche Nachteile und überwiegend ein Geschlecht betroffen

Rechtfertigung durch alle hinreichenden sachlichen Gründe

c. Quotenregelung

Sehr str.; contra:
- umgekehrte Diskriminierung
- Art. 3 II GG sollte Unzulässigkeit starrer Quoten nicht ändern, iÜ offenlassen

pro:
- Art. 3 II 1 GG als Gruppengrundrecht
- Art. 3 II 2 vorrangig gegenüber Art. 3 II 1 GG

Ergebnis nach stark hM:
- starre Quoten verfassungswidrig
- qualifikationsabhängige Quoten mit Öffnungsklausel verfassungsgemäß;
Voraussetzungen:

- Unterrepräsentanz

- gleiche Qualifikation

- keine in Person des Mitbewerbers liegenden Gründe, die
  Bevorzugung ausschließen

wichtig: bei Diskriminierung im Berufsleben starke europarechtliche
Aspekte!

K. Glaubens- und Gewissensfreiheit, Art. 4 GG

I. Grundaufbau

- mehrere Grundrechte?
  BVerfG: Abs. 1+2 bilden ein Grundrecht, Abs. 3 ist lex specialis

- einheitlicher Schutzbereich?
  hM: ja, einheitlicher Schutz von Glauben (Religion), Gewissen,
  Weltanschauung; keine Unterschiede oder Lücken

- Verhältnis zu Art. 140 GG i.V.m. WRV?
  BVerfG: Art. 140 GG wird von Art. 4 GG "überlagert"

II. Religions- und Weltanschauungsfreiheit

1. Schutzbereich

a. Begriffe

- Religion/Glauben → schwer zu definieren
  möglich z.B. "Überzeugung des Einzelnen von der Stellung des
  Menschen in der Welt und seinen Beziehungen zu höheren Mächten
  oder tieferen Seinsschichten" (Manssen)

- Weltanschauung: nichtreligiöses Sinnsystem (Gegenbegriff zu Glauben)

beachte: Größe und Bedeutung unerheblich!

b. geschütztes Verhalten

bilden, haben, bekennen, verbreiten, demgemäß handeln

positive wie negative Freiheit

c. Problematik

Gefahr möglicher Ausuferung des Schutzbereichs

Lösung: vorsichtige Objektivierung durch:

- Bürger muß plausibel darlegen, daß sein Verhalten tatsächlich
glaubensgeleitet ist

- Handeln nur, wenn geboten, nicht, wenn nur erlaubt

- muß sich "auch tatsächlich, nach geistigem Gehalt und äußerem
Erscheinungsbild, um eine Religion und Religionsgemeinschaft handeln"
(BVerfG)

- aufgegebene Rspr: Kulturadäquanzklausel

aber: Rechtfertigung und Begrenzung von Objektivierungen?

d. Kollektive Freiheit

auch die kollektive Freiheit ist von Art. 4 I, II GG umfaßt (hM)

zusätzlich Selbstbestimmungsrecht der Religionsgemeinschaften, Art. 140 GG i.V.m. 137 III WRV;
Problem: kein Grundrecht, wird aber im Rahmen des Art. 4 GG mitgeprüft

Sonderfall: Religionsgemeinschaften als Körperschaften öff. Rechts, Art. 140 GG i.V.m. Art. 137 V WRV
beachte: ≠ sonstige Körp. öff. Rechts zählen sie nicht zum Staat!

2. Eingriff

staatliche Eröffnung von Alternativen kann Eingriff vermeiden

Berufen auf Glauben/Weltanschauung schließt Recht auf Verschweigen aus

---

3. Schranken

vorbehaltlos → nur verfassungsimmanente Schranken

Gesetzesvorbehalte der WRV werden von Art. 4 I überlagert (hM); jedoch:
- Art. 136 III 2 WRV hat Bedeutung erlangt;
- bei kollektiver Glaubensfreiheit und nicht rein innerkirchlichen Angelegenheiten: Art. 137 III 1 WRV, Schranke der für alle geltenden Gesetze

4. Obj.-rechtliches Verhältnis von Staat und Kirche, Art. 4, 140 GG

- Neutralität des Staates, Identifikationsverbot

- aber nicht: Laizismus, strikte Trennung von Staat und Kirche (sd. "hinkende" oder "koordinative" Trennung)

III. Gewissensfreiheit

ebenso wie Glaubens- und Weltanschauungsfreiheit zu behandeln (oft: ein einziges GR)

Gewissen = jede ernste, sittliche, d.h. an den Kategorien von Gut und Böse orientierte Auffassung, die der Einzelne als für sich bindend innerlich erfährt

IV. Recht auf Kriegsdienstverweigerung, Art. 4 III GG

hM: lex specialis zu Art. 4 I, II GG
beachte auch Art. 12a II GG

Dienst mit der Waffe = nicht nur Führen und Benutzen, sondern auch Dienst im Zusammenwirken mit Waffenbenutzung

Kriegsdienst: auch schon im Frieden

str., ob universelle Ablehnung des Krieges oder auch nur bestimmter Arten von Kriegen (sog. situationsgebundene KDV)

L. Eigentum, Art. 14 GG

I. Eigentumsgarantie

1. Instituts- und Bestandsgarantie

Institut des Eigentums i.S. eines Grundbestands von Normen garantiert:
- Privatnützigkeit
- grundsätzliche Verfügungsbefugnis

Bestand des jeweiligen Eigentums für den Einzelnen gesichert; Eingriffe nur unter den Voraussetzungen des Art. 14 GG

---

2. Begriff des Eigentums

a. Grundsatz

- eigenständiger verfassungsrechtlicher Begriff

- vermögenswertes Recht, das zur privaten Nutzung und grds. zur eigenen Verfügung zugeordnet (Leitbild: Sacheigentum)

- konkret aus der Zusammenschau aller privat- und öffentlich-rechtlichen Vorschriften

- nicht: Vermögen als solches (Steuern; sehr str.)
  Ausnahme: erdrosselnde Wirkung

b. Einzelfragen

(1) eingerichteter und ausgeübter Gewerbebetrieb

- jedenfalls über § 823 I BGB geschützt

- BVerfG bejaht Einbeziehung in Art. 14 GG ausdrücklich *nicht*, sd. läßt offen; aber starke Gegenmeinung in Literatur und Rspr.

- beachte: nach allg. Ansicht sind die einzelnen Eigentumspositionen jedenfalls geschützt, nicht hingegen bloße Erwerbschancen

(2) öffentlich-rechtliche Rechtspositionen

geschützt, wenn privatrechtlichen Positionen vergleichbar, d.h.:
- ausschließliche und privatnützige Zuordnung
- aufgrund nicht unerheblicher Eigenleistung
- dient Existenzsicherung

(3) Art. 14 GG schützt das Erworbene, Art. 12 GG den Erwerb

II. Inhalts- und Schrankenbestimmung

1. Begriff

= generell-abstrakte Festlegung von Eigentumsrechten und -pflichten durch den Gesetzgeber

Differenzierung zwischen Inhaltsbestimmung und Schrankenbestimmung nicht erforderlich (str.)

2. Einordnung von Einzelfalleingriffen

a. dogmatischer Hintergrund

z.T: "sonstiger Eingriff"

z.T.: Vollzugsakt als bloße Aktualisierung der gesetzlichen Beschränkung und damit als Fall der Inhalts- und Schrankenbestimmung

b. praktische Fallprüfung

Beschränkungen von Eigentümerbefugnissen sind Eingriff i.S.d. Inhalts- und Schrankenbestimmung

→ Rechtfertigungsprüfung, insbes. Verhältnismäßigkeit

beachte: enteignender Eingriff und enteignungsgleicher Eingriff sind keine Fragen des Eigentumsgrundrechts, sondern einfachrechtliche Institute (Aufopferungsansprüche)

III. Enteignung

1. Begriff der Enteignung

= zielgerichtete, durch Rechtsakt bewirkte, vollständige oder teilweise Entziehung konkreter Eigentumspositionen

a. zielgerichtet

b. durch Rechtsakt

Legal- oder Administrativenteignung

nicht durch Realakt oder privaten Rechtsakt

c. vollständig oder teilweise

"teilweise" → nur bei rechtlich abtrennbarem Teil

d. Entziehung ≠ Übertragung

2. Anspruch auf Entschädigung

a. Enteignung

b. zum Wohl der Allgemeinheit

(1) Gemeinwohl wird grds. vom demokratischen Gesetzgeber mit weiter Gestaltungsfreiheit festgelegt

(2) Enteignung zugunsten Privater, wenn:

- im Einzelfall dem Gemeinwohl dient
  - unmittelbar: Daseinsvorsorge;
  - mittelbar: z.B. Wirtschaftsstruktur, Arbeitsplätze

und:

- die Erfüllung des Gemeinwohlzwecks sichergestellt ist;
  - unmittelbar → Aufgabe der Daseinsvorsorge muß erfüllt werden;
  - mittelbar → besondere Anforderungen: gesetzliche (!) Festlegung unter welchen Voraussetzungen für welche genauen Zwecke *plus* dauerhafte und effektive Sicherung des Gemeinwohlbezugs des Unternehmens durch materielle und verfahrensrechtliche Regelungen
  - dann: Entschädigungspflicht des Privaten möglich

c. Verhältnismäßigkeit

d. Junktimklausel

- Anspruchsgrundlage stets nur Gesetz, nie Art. 14 III GG selbst!

- sog. salvatorische Klauseln ("stellt eine Anordnung eine Enteignung dar, so ist dafür Entschädigung zu leisten")

→ jdf. unter formalisiertem Enteignungsbegriff unzulässig (ganz hM)

3. Umfang der Enteignungsentschädigung

a. In der Praxis

- nicht alle Vermögenseinbußen in Gegenwart und Zukunft (Schadensersatz),
- sondern Verkehrswert (Entschädigung)
- und gewisse Folgekosten

b. Verfassungsrechtlich

- gerechte Interessenabwägung, Art. 14 III 3 GG
  ≠ "angemessene", volle Entschädigung (WRV);
  läßt vielmehr "wie es die Gerechtigkeit fordert, freien Spielraum von einer bloßen nominellen bis zur vollen Entschädigung" (Entwurfsbegründung des Parl. Rates)

- Interessenabwägung ist sachliche Rechtfertigung i.S.v. Art. 3 I GG (Lastengleichheit); Art. 14 III 3 GG ist lex specialis

---

- BVerfG: keine starre, allein am Marktwert orientierte Entschädigung, Gesetzgeber kann auch darunter festlegen
  → also: Bestandsgarantie wird zu Wertgarantie, aber nicht in voller Höhe; Abwägungsspielraum des Gesetzgebers

- Abwägungsgesichtspunkte: z.B. nachhaltiger Eingriff in Rechtssphäre, Bedeutung für persönliche Entfaltung; Sozialbindung, Wertsteigerung nur durch staatliche Maßnahmen, finanzielle Möglichkeiten des Staates (sehr str.)

IV. Ausgleichspflichtige Inhaltsbestimmung

1. Grundlagen und dogmatische Struktur

finanzieller Ausgleich kann unverhältnismäßige Inhaltsbestimmung verfassungsmäßig i.S.v. Art. 14 I 2 GG machen

Ausgleich nur, wenn und soweit gesetzlich vorgesehen

a. Voraussetzungen der Ausgleichspflicht

- Begrenzung auf Härten im *Einzelfall* (≠ generell)
  Arg: - so von BVerfG hergeleitet
     - Gesetz muß grds. Eigentumsgarantie wahren
     - genereller Verstoß gegen Eigentumsgarantie wird nicht
       durch etwa finanz. Ausgleich verfassungsgemäß;
     - Unterschied zur Enteignung;
     - Inhaltsbestimmung grds. nicht von Ausgleich abhängig

- Verfassungswidrigkeit nach allg. GR-Lehren

  Lit. z.T.: Sonderopfertheorie etc. heute zur Abgrenzung
  Inhaltsbestimmung ohne/mit Ausgleich
  → wg. Unbestimmtheit der Theorien kaum zu widerlegen

  Lit. z.T.: keine Ausgleichspflicht wenn völlig unvorhersehbar
     Arg: unvorhersehbares nicht gesetzlich regelbar

b. Anforderungen an Ausgleichsregelungen

- gesetzliche Grundlage

- Ausgleich muß in erster Linie Belastung real vermeiden

  nur, wenn im Einzelfall nicht oder nur mit unverhält. Aufwand möglich:
  finanzieller Ausgleich

- Verfahrensrecht muß sicherstellen, daß Verwaltung gleichzeitig mit Beschränkung über Ausgleich entscheidet
  Arg: unzumutbar, VA in unsicherer Erwartung eines Ausgleichs bestandskräftig werden zu lassen

c. Ausgleichspflicht in Geld?

- *Pflicht* des Gesetzgebers zu Geldausgleich, nur wenn:
  - bei (Neu-)Regelung von Inhalt und Schranken unverhältnismäßige Belastungen im Einzelfall auftreten und
  - keine andere Art des Ausgleichs (insbes. Übergangs-, Härtefall-, Dispensregelungen) ausreichend
  - → also praktisch kaum vorstellbar

2. Problem der salvatorischen Klauseln

- entscheidende praktische Auswirkung der ausgleichspflichtigen Inhaltsbestimmung

- Umdeutung gegen Wortlaut, Entstehungsgeschichte, Sinn („Entschädigung falls Enteignung") in „Entschädigung bei im Einzelfall unzumutbarer Inhalts- und Schrankenbestimmung"

- Junktimklausel gilt hier nicht

- aber Problem, welches Maß an Regelungsdichte und Bestimmtheit im Einzelfall erforderlich

- BVerfG 100, 226 jetzt: salv. Klausel erfüllt Anforderungen an Härteausgleich <u>nicht</u>
  verfassR Ende der salvatorischen Klausel!

V. Exkurs: Erbrecht, Art. 14 GG; Überführung in Gemeinwirtschaft, Art. 15 GG

Erbrecht: Instituts- und Bestandsgarantie; Testierfreiheit und Nutzung des Ererbten

Art. 15 GG: wirtschaftspolitische Neutralität des GG

M. Weitere Verfahren vor dem Bundesverfassungsgericht

I. Konkrete Normenkontrolle

Verwerfungsmonopol des BVerfG; kumulative Gründe:

- Rechtszersplitterung vermeiden
- Autorität der gesetzgebenden Gewalt schützen

aber: Prüfungsrecht des Fachgerichts

1. Vorlageberechtigung

jedes Gericht

Problem: Vorlage aus dem einstweiligen Rechtsschutz heraus?
nein, außer wenn weitgehende Vorwegnahme der Hauptsache oder wenn im Verfahren des einstweiligen Rechtsschutzes abschließend entschieden wird

2. Vorlagegegenstand

nur formelle und nachkonstitutionelle Bundes- oder Landesgesetze

ausnahmsweise auch vorkonstitutionelle Gesetze, wenn in Willen des nachkonstitutionellen Gesetzgebers aufgenommen

str: nachkonstitutionelle Gesetze verstoßen gegen späteres Verfassungsrecht

z.T.: keine Vorlagepflicht; Arg:
- schlichte Anwendung der Lex-posterior-Regel
- keine Desavouierung des ja früheren Gesetzgebers

z.T.: Vorlagepflicht; Arg:
- Lex-posterior-Regel gilt nicht bei höherem Recht
- geht um Schutz des besonders verfassR legitimierten Gesetzgebers allgemein
- Gefahr der Rechtszersplitterung/Rechtsunsicherheit

3. Überzeugung von der Verfassungswidrigkeit

Überzeugung ≠ bloße Zweifel

4. Entscheidungserheblichkeit

= vorlegendes Gericht muß im Falle der Gültigkeit der Vorschrift zu einem anderen Ergebnis kommen als im Falle ihrer Ungültigkeit

in der Praxis (≠ Klausur) oft strenge Anforderungen an die Darlegung

5. Begründetheit

idR: wenn vorgelegte Norm formell oder materiell verfassungswidrig

II. Abstrakte Normenkontrolle

kein kontradiktorisches Verfahren

1. Antragsberechtigung, Art. 93 I Nr. 2 GG, §§ 13 Nr. 6, 76 I BVerfGG

Bundesregierung, Landesregierung oder 1/4 der MdB

2. Antragsgegenstand, Art. 93 I Nr. 2 GG, § 76 I BVerfGG

- Bundes- oder Landesrecht

  grds. nach Verkündung (aber auch schon vor Inkrafttreten)

- Vereinbarkeit mit dem Grundgesetz; bei Landesrecht: auch mit sonstigem Bundesrecht

  untergesetzliches Bundesrecht nur am GG (Art. 93 I Nr. 2 GG) oder auch mit Bundesrecht (§ 76 I Nr. 1 BVerfGG)?
  str.; BVerfG: Vereinbarkeit der BundesVO mit gesetzlicher Ermächtigung und Gültigkeit der Ermächtigung ist als Vorfrage mitzuprüfen

4. Antragsgrund

„Zweifel" (Art. 93 I Nr. 2 GG) oder „für nichtig halten" (§ 76 I Nr. 1 BVerfGG)?

- hL: Zweifel genügen

  Arg:

  - Vorrang der Verfassung (Folge: Nichtigkeit/Teilnichtigkeit/verfkonf. Auslegung)

  - § 76 BVerfGG nennt nur Regelfall, will nicht einengen

- BVerfG/Lit.: muß für nichtig halten

Arg :

- § 76 I Nr. 1 BVerfGG als zulässige Konkretisierung und lex specialis
- Gesetzesvorbehalt des Art. 94 II 1 GG erlaubt Konkretisierung
- ungeschriebenes, besonderes objektives Klarstellungsinteresse erforderlich; liegt erst und schon vor, wenn Ast. von Unvereinbarkeit überzeugt

beachte: BVerfG führt streng genommen zu zusätzlichem Prüfungspunkt

5. Sonderfälle

a. Normbestätigungsverfahren, § 76 I Nr. 2 BVerfGG

Gültigerklärung nach Nichtanwendung durch staatliche Stellen wegen angeblicher Unvereinbarkeit; auch bei verfassungskonformer Auslegung

b. Kompetenzkontrollverfahren, Art. 93 I Nr. 2a GG, §§ 13 Nr. 6a, 76ff. BVerfGG

nur Abwandlung der abstrakten Normenkontrolle (str.)

Zweck: Sicherung der Einhaltung von Art. 72 II GG

III. Organstreitverfahren

Organe haben streng genommen keine "Rechte und Pflichten", sondern nur Wahrnehmungsbefugnisse

1. Parteifähigkeit

Art. 93 I Nr. 1 GG:
- oberste Bundesorgane; oder
- andere Beteiligte, die durch GG oder in der GO eines obersten Bundesorgans mit eigenen Rechten ausgestattet

Problem: Abweichungen in § 63 BVerfGG; ganz hM: Vorrang der Verfassung

a. oberste Bundesorgane

unproblematisch: Bundespräsident, Bundestag, Bundesrat, Bundesregierung (§ 63 BVerfGG)

zudem alle weiteren: Bundesversammlung, Bundesratspräsident als Vertreter des Bundespräsidenten (Art. 57 GG), Gemeinsamer Ausschuß, Vermittlungsausschuß

b. andere Beteiligte

jeweils im Einzelfall prüfen und begründen, ob und welche eigenen Rechte sich in GG oder GO finden!

z.B.: BT/BR-Präsident, Bundeskanzler, Minister, Abgeordnete, Fraktionen

Parteien nur, wenn und soweit sie um Rechte kämpfen, die sich aus ihrem besonderen verfassungsrechtlichen Status ergeben, d.h., wenn es um die Mitwirkung bei der pol. Willensbildung des Volkes geht (Art. 21 I 1 GG) beachte aber: Antragsgegner muß Verfassungsorgan sein

2. Antragsgegenstand

jede Maßnahme oder Unterlassung des Antragsgegners (§ 64 I BVerfGG)

Rechtserheblichkeit der Maßnahme = jedes Verhalten, das geeignet ist, die Rechtsstellung des Antragstellers zu beeinträchtigen

3. Antragsbefugnis, § 64 I BVerfGG

Möglichkeit einer Verletzung oder unmittelbaren Gefährdung in Rechten oder Pflichten, die durch das Grundgesetz übertragen wurden; zwei Varianten:

- in eigenen Rechten

- in Rechten des Organs, dem Antragsteller angehört: Fraktion für Parlament;
  nicht: Abgeordneter für Parlament (hM)

4. Frist

6 Monate nach Bekanntwerden, § 64 III BVerfGG

5. Begründetheit

nur wenn der Antragsteller in einem *seiner* Rechte verletzt ist
(= keine allgemeine Verfassungswidrigkeitsprüfung)

N. Ehe und Familie, Art. 6 GG

beachte: komplexe Regelung; übliche Prüfungsschemata passen oft nicht recht

I. Grundprobleme

1. Konstruktives Grundproblem: normgeprägtes Grundrecht

Ehe und Familie als soziale, aber zugleich rechtlich determinierte Gebilde → Art. 6 als normgeprägtes Grundrecht mit gesetzlicher Ausgestaltung

→ nicht jede Regelung ist ein Eingriff

bloße Ausgestaltung schlägt in Eingriff um, wenn nicht dem verfR Bild von Ehe und Familie entspricht bzw. wenn keine hinreichenden rechtfertigenden Gründe vorliegen

Bezug zur Institutsgarantie wird unterschiedlich hergestellt

damit aber i.E. ähnliche Prüfungsstruktur bei Ausgestaltung und Eingriff

2. Inhaltliches Grundproblem: Bedeutungswandel

stetiger Prozeß der Lockerung im Verständnis von Ehe und Familie

→ Verfassungsrecht versteinert keine veralteten Vorstellungen, aber wo ist die Grenze, damit Art. 6 GG noch Sinn macht?

II. Schutz von Ehe und Familie

1. Ehe

= auf Dauer angelegter Bund zwischen einem Mann und einer Frau unter staatlicher Mitwirkung

a. auf Dauer angelegt

Teil Lit, früher Rspr.: "grundsätzlich unauflöslich"
→ im Detail str.

b. staatliche Mitwirkung

Gebot der Zivilehe str.

c. ein Mann und eine Frau

Problem: gleichgeschlechtliche Partnerschaft

- ist keine Ehe (ganz hM)
- kein Abstandsgebot mehr (str.)
- BVerfG seit 2009 (sehr str.):
  - sexuelle Orientierung als personenbezogenes Merkmal mit strenger Gleichheitsprüfung
  - Art. 6 I GG rechtfertigt nicht, obwohl Förderungsgebot und Begünstigung grds. zul.

2. Familie

= tatsächliche Lebens- und Erziehungsgemeinschaft zwischen Eltern und Kindern

Förderungspflicht, aber nicht bezüglich Entstehung

leiblicher, nicht rechtlicher Vater erfaßt, wenn soziale Beziehung aufgrund (früherer) getragener Verantwortung

3. Eingriffe

kein Gesetzesvorbehalt

beachte aber nochmals: normgeprägtes Grundrecht, Wirkungen u.a. auch im obj. Bereich und im Gleichheitssatz

kein Nachzugsrecht ausländischer Ehegatten

III. Elternrecht, Art. 6 II, III GG

Pflege ($\rightarrow$ körperliches Wohl) und Erziehung als Recht und Pflicht

Eingriff inbes. zum Wohl des Kindes

Stellung nichtehelicher Väter: stetige Verbesserung in Rspr.

staatliches Wächteramt, Art. 6 II 2 GG; aber nur im Sinne des Kindeswohls

strenge Sonderregeln für Eingriff durch Trennung, Art. 6 III GG

IV. Schutz werdender Mütter, Art. 6 IV GG

erfaßt auch Stillzeit, aber nicht ganze Lebenszeit der Mutter

$\rightarrow$ weites Ermessen des Gesetzgebers

V. Gleichstellung unehelicher Kinder, Art. 6 V GG

fachrechtlicher Terminus heute "nichtehelich"

O. Schulwesen, Art. 7 GG

enthält verschiedenste Regelungstypen

I. Schulaufsicht, Art. 7 I GG

Schule im klassischen Sinn, nicht Hochschule

Aufsicht = Vollrecht über die Schule; d.h. Organisation, Leitung, Planung des Schulwesens etc.

Folge: eigener Erziehungs- und Bildungsauftrag des Staates

$\rightarrow$ Art. 7 I GG enthält v.a. Schrankenregelung

II. Religionsunterricht, Art. 7 II, III GG

Religionsunterricht ≠ Religionskunde

1. Bestimmungsrecht der Erziehungsberechtigten, Art. 7 II GG

lex specialis zu Art. 6 II GG

Ausprägung von Art. 4 GG → oft gemeinsame Prüfung sinnvoll

Bestimmungsrecht endet mit Religionsmündigkeit der Kinder nach RelKiErzG (ganz hM)

---

2. Abhaltung des Religionsunterrichts, Art. 7 III GG

a. Grundrechtsträger

- GR der Religionsgemeinschaft

  Religionsgemeinschaft = dauerhafter, organisierter Personenzusammenschluss; festliegende Glaubensinhalte und deren Bezeugung nach außen

- auch Recht von Weltanschauungsgemeinschaften (Arg: Art. 137 WRV iVm 140 GG)
  → praktisch kaum relevant

- auch Recht der Eltern/Kinder?

MM: ja, soweit die Schule die Möglichkeit hat, einen solchen einzurichten
Arg: - Entwertung des Bestimmungsrechts

hM: nein
Arg: - Staat kann nicht allein anbieten sd. nur in Kooperation mit Religionsgemeinschaft

b. Grundrechtsinhalt

Religionsunterricht an öffentlichen Schulen

ordentliches Lehrfach = Pflichtfach, Noten, versetzungsrelevant

inhaltliche Bestimmung durch Religionsgemeinschaft, Organisationsrecht beim Staat

Sonderbestimmung Art. 7 III 3 GG

c. Anwendbarkeit des Art. 7 III 1 in MV?

ist Art. 141 GG auf die neuen Länder anwendbar?

zT: ja
Arg: - Wortlaut erlaubt keine andere Auslegung

zT: nein
Arg.: - sog. Gründungsländerthese; Notwendigkeit staatsrechtlicher Identität

III. Privatschulen

1. Privatschulgewährleistung, Art. 7 IV 1 GG

2. Recht der Ersatzschulen, Art. 7 IV 2-4, V GG

Ersatzschule = bietet grds. gleiche Bildungsgänge und führt zu gleichen Abschlüssen wie öffentliche Schulen

≠ sog. Ergänzungsschule

Besuch erfüllt Schulpflicht

strenge Genehmigungsanforderungen; gesteigert bei privaten "Volksschulen" (= Grund- und Hauptschule, hM), Abs. 5

Exkurs: Vorschulverbot, Art. 7 VI GG → nicht der heute übliche Begriff, sd. Einrichtungen zur elitären, grundschulparallelen Vorbereitung auf höhere Schulen

3. Förderung von Ersatzschulen

Anspruch auf Förderung, wenn und soweit Ersatzschulwesen gefährdet; Arg:
- volle Selbstfinanzierung scheitert an Sonderungsverbot
- sonst liefe Art. 7 IV GG leer

im Einzelnen aber weiter Gestaltungsspielraum des Gesetzgebers

P. Unverletzlichkeit der Wohnung, Art. 13 GG

I. Schutzbereich

1. Wohnung

Schutzzweck: räumliche Privatsphäre und Persönlichkeitsentfaltung

Wohnung = Räume, die der allgemeinen Zugänglichkeit durch eine räumliche Abschottung entzogen sind und zur Stätte privaten Lebens und Wirkens gemacht sind

2. Geschäftsräume?

a.) h. M.: ja; Arg:

- Persönlichkeitsentfaltung auch im Beruf
- sonst Abgrenzungsschwierigkeiten und keine Einbeziehung jur. Personen
- heute wieder enge Verbindung von Wohn- und Geschäftsräumen
- so stärkste Wirkkraft des GR

b.) MM: nein, außer bei klar fehlender Unterscheidbarkeit; Arg:

- Wortlaut "Wohnung" → nur privates Leben und Wirken
- personaler Gehalt von Art. 13 GG
- Geschäftsräume regelmäßig teilöffentlich, also nicht höchstpersönlich
- sonst gewisse berufsständische Inhaberprivilegierung
- Art. 13 VII paßt sonst auf manche "Wohnungen" nicht und muß abgewandelt werden → hM kreiert neues Grundrecht

c.) abweichende Konstruktion der hM (Alexy): Zuordnung von Geschäftsräumen nur zum hinter Art. 13 I GG stehenden Prinzip, nicht zum Wortlaut

Arg:
- ungestörte Berufsausübung ist individuelle Persönlichkeitsentfaltung
- also greift Prinzip des Art. 13 I GG
- wenn bei TB über Wortlaut hinaus, dann auch auf Schrankenseite

d.) beachte nochmals: eigenständige Schrankenregeln für Geschäftsräume nach hM

- geminhdertes Schutzbedürfnis durch vom Inhaber festgelegten Zweck; je offener nach außen, desto schwächer geschützt

- Betretungs- und Besichtigungsrechte sind keine "Eingriffe und Beschränkungen", wenn:
  - bes. gesetzliche Vorschrift ermächtigt
  - erlaubter Zweck und erforderlich
  - Zweck, Gegenstand und Umfang des Betretens deutlich erkennbar
  - zu normalen Geschäftszeiten

3. Grundrechtsträger

jeder Träger tatsächlicher Sachherrschaft

II. Eingriff

= jede Beeinträchtigung der Privatheit durch staatliche Stellen

für Zwecke der Rechtfertigung unterscheidet Art. 13 Eingriffe durch:
- Abs. 2: Durchsuchungen
- Abs. 3: technische akustische Überwachung
- Abs. 4, 5: technische Überwachung
- Abs. 7: sonstige Eingriffe

III. Rechtfertigung

str., ob neben ausdrücklichen auch verfassungsimmanente Schranken

beachte daneben: Berichtspflichten, Art. 13 VI GG

1. Durchsuchung

= ziel- und zweckgerichtetes Suchen staatlicher Organe nach Personen oder Sachen oder zur Ermittlung eines Sachverhalts, um etwas aufzuspüren, was der Inhaber der Wohnung von sich aus nicht offenlegen oder herausgeben will

nur unter Voraussetzungen des Art. 13 II GG

Gefahr im Verzug = konkrete Gefahr im Einzelfall

2. technische Überwachung

- akustische (!) Überwachung zur Strafverfolgung, Abs. 3
- zur Gefahrenabwehr, Abs. 4
- zum Schutz von Einsatzpersonal

3. sonstige Eingriffe und Beschränkungen

Art. 13 VII HS 1 GG = verfassungsunmittelbare Schranke (str.)

gemeine Gefahr = hinreichende Wahrscheinlichkeit eines Schadens für unbestimmten Kreis von Personen oder Sachen

dringende Gefahr = hinreichende Wahrscheinlichkeit eines Schadens an einem wichtigen Rechtsgut

Q. Weitere Grundrechte

I. Leben und körperliche Unversehrtheit, Art. 2 II 1 GG

körperliche Existenz und körperliche Gesundheit jeder natürlichen Person

Eingriff auch schon durch Gefährdung, wenn Verletzung ernsthaft zu befürchten

II. Freiheit der Person, Art. 2 II 2 GG

nur die körperliche Bewegungsfreiheit, das Weggehen (hM); nur natürliche Personen

Eingriff durch Freiheitsentziehung → Art. 104 GG als lex specialis

Eingriff durch sonstige Freiheitsbeschränkung nur bei Zwangselement, das über bloßes rechtliches Gebot hinausgeht (str.)

III. Vereinigungs- und Koalitionsfreiheit, Art. 9 GG

1. Vereinigungsfreiheit

a. Schutzbereich

Vereine + Gesellschaften = Vereinigungen

Vereinigung = Zusammenschluß mehrerer Personen für längere Zeit zur Verfolgung eines gemeinsamen Zwecks auf freiwilliger Basis bei Unterwerfung unter einheitliche Willensbildung

geschützte Tätigkeit: individuelle und kollektive Freiheit; Bezug zur vereinigungsmäßigen Struktur notwendig

Grundrechtsträger: jeder Deutsche und jede deutsche Vereinigung

b. Eingriff

Eingriff ≠ Ausgestaltung (hM)

c. Rechtfertigung

für Vereinsverbot:
hL: Art. 9 II GG als Gesetzesvorbehalt
aA, wohl auch Rspr: Art. 9 II als verfassungsunmittelbares Verbot

sonstige Eingriffe: verfassungsimmanente Schranken (hM)

2. Koalitionsfreiheit

Koalition = Sonderfall der Vereinigung (v.a.: Gewerkschaften + Arbeitgeberverbände)

individuelle und kollektive Freiheit; normgeprägtes Grundrecht; verfassungsimmanente Schranken

---

IV. Brief-, Post- und Fernmeldegeheimnis, Art. 10 GG

- Brief = verkörperte, an einzelne Empfänger gerichtete Kommunikation

- Post = alle postalisch beförderten Sendungen

  Grundrechtsbindung str. für:
  - Post AG
  - private Postunternehmen

- Fernmeldegeheimnis
  = unkörperliche Übermittlung von Informationen mithilfe der Fernmeldetechnik, inkl. Ob und Wie

- beachte: jdf. staatliche Schutzpflicht

- allgemeiner Gesetzesvorbehalt, Art. 10 II 1 GG, mit strengen Bestimmtheitsanforderungen

- Besonderheiten im Notstand, Art. 10 II 2 GG

V. Freizügigkeit, Art. 11 GG

Freizügigkeit = Möglichkeit, an jedem Ort im Bundesgebiet Aufenthalt oder Wohnsitz zu nehmen (hM)

≠ Ausreise (hM)

Aufenthalt: Anforderungen an Dauer und Dauerhaftigkeit str.

qualifizierter Gesetzesvorbehalt, Art. 11 II GG

VI. Ausbürgerung und Auslieferung, Art. 16 GG

1. Ausbürgerung

a. Eingriff in den Schutzbereich

Schutz nur der Staatsangehörigkeit (≠ Art. 116 GG)

Rücknahme der (rwi) Einbürgerung ist erfaßt (hM)

b. Rechtfertigung

- Entzug immer unzulässig
- Verlust kann nach Art. 16 I 2 GG zulässig sein

(1) Unterscheidung ist heillos umstritten; u.a. (!) wird vertreten:

- Entzug = Verlustbewirkung durch einseitigen Staatsakt gegen den Willen des Betroffenen (Kombination von Willens- und Einzelakttheorie); Arg:

  - jede Ausbürgerung über den Kopf des Betroffenen ist auszuschließen

  - natürlicher Wortsinn

- Entzug = wenn Betroffener den Verlust nicht selbst und vorhersehbar herbeigeführt hat (sog. Vermeidbarkeitstheorie) (wohl hM); Arg:

  - soll vor diskriminierender Ausbürgerung schützen, nicht außerordentlichen Vertrauensschutz (auch bei Täuschung, Drohung, Bestechung) schaffen

  - Verlust gegen den Willen des Betroffenen ausdrücklich vorgesehen

  - Rechtsform hat Staat weitgehend in der Hand

  - Beschränkung auf Einzelakt würde gerade die historisch gewollten Fälle nicht erfassen

(2) schließt drohende Staatenlosigkeit Verlust der StA immer aus?

mM: ja; Arg: - Wortlaut

hM: nein bei Einbürgerung durch Täuschung, Drohung, Bestechung; Arg:

  - Staatenlosigkeit würde dann idR entgegenstehen

  - Gesetzmäßigkeit der Verwaltung: keine Prämien auf Mißachtung des Rechts

  - historischer Verfassungsgeber konnte den Fall nicht vorhersehen

  - Eingebürgerter hat spätere Staatenlosigkeit verursacht und bewusst in Kauf genommen

2. Auslieferung

= zwangsweise Entfernung aus dem deutschen Hoheitsbereich und Überführung an fremde Macht auf deren Ersuchen

qualifizierter Gesetzesvorbehalt, Art. 16 II 2 GG:
- "rechtsstaatliche Grundsätze" → Strukturentsprechung erwartet
- keine Auslieferung bei maßgeblichem Inlandsbezug

VI. Asyl, Art. 16a GG

komplexes Regelungsregime seit 1993; stark von Rspr. und internationalen Vereinbarungen geprägt; intensive Verwebung mit AsylVfG

VII. Prozeßgrundrechte

1. Rechtsweggarantie, Art. 19 IV GG → s.u. (Rechtsstaat)

2. Gesetzlicher Richter, Art. 101 I 2 GG

Zuständigkeit des staatlichen Richters muß vorab abstrakt generell bestimmt sein

3. rechtliches Gehör, Art. 103 I GG

Gelegenheit der Beteiligten sich zum gerichtlichen Verfahrensstoff zu äußern

Überprüfung ist grds. Frage des einfachen Prozeßrechts

4. nulla poena sine lege, Art. 103 II GG

Strafbarkeit muß vorab gesetzlich hinreichend bestimmt sein

5. ne bis in idem, Art. 103 III GG

keine doppelte Bestrafung für dieselbe Tat (= denselben Lebensvorgang)

VIII. Petitionsrecht, Art. 17 GG

Bitten (zukünftiges Verhalten) und Beschwerden (vergangenes Verhalten) erfaßt

Anspruch nur auf Entgegennahme, inhaltliche Auseinandersetzung, Bescheidung (≠ Begründung; hM); keine Pflicht zur Überprüfung von Sachverhalten oder zur Abhilfe

Verfassungsrecht

– 2. Teil: Staatsorganisationsrecht –

A. Rechtsstaat

„Rechtsstaatlichkeit bedeutet, daß Ausübung staatlicher Macht nur auf der Grundlage der Verfassung und von formell und materiell verfassungsmäßig erlassenen Gesetzen mit dem Ziel der Gewährleistung von Menschenwürde, Freiheit, Gerechtigkeit und Rechtssicherheit zulässig ist." (Stern)

→ Komplexität und Vielschichtigkeit des Rechtsstaatsbegriffs

I. formeller und materieller Rechtsstaat

historisch bedingte Unterscheidung nach der Abhängigkeit von einem spezifischen (demokratischen) Inhalt

„Legalität indiziert Legitimität"

Grundgesetz positiviert zentrale Gerechtigkeitsprinzipien

II. Gewaltenteilung

1. Die Trennung der drei Gewalten

historisch: Montesquieu, „De l'esprit des lois" (1748)

Grundgedanke: Verhinderung des Mißbrauchs staatlicher Gewalt durch Teilung und damit Mäßigung zum Wohle der Freiheit des Einzelnen

1. gesetzgebende Gewalt (Legislative)

2. vollziehende Gewalt (Exekutive) = Regierung und Verwaltung

3. rechtsprechende Gewalt (Judikative)

2. Gewaltenvermischung und -verschränkung

Gewalten im funktionellen (materiellen) und im organisatorischen (formellen) Sinn müssen nicht übereinstimmen; Überschneidungen zulässig, außer im Kernbereich

Sinn der Gewaltenteilung: nicht scharfe Trennung, sondern gegenseitige Kontrolle und Begrenzung → „checks and balances"

3. Neuzeitliche Aspekte der Gewaltenteilung

- Vertikale Gewaltenteilung: Föderalismus

- Gewaltenteilung in der parlamentarischen Demokratie: Regierung und Opposition

- Massenmedien als „vierte Gewalt"

III. Vorrang und Vorbehalt des Gesetzes

1. Die Normenhierarchie

a. Der Gesetzesbegriff

Gesetz im formellen Sinn = Parlamentsgesetz

Gesetz im materiellen Sinn = jede Rechtsnorm (generell-abstrakte Regelung)

b. Geschriebene Rechtsquellen

(1) Verfassung

(2) Europarecht

####### aa. primäres Gemeinschaftsrecht (insbes. Gründungsverträge, Gemeinschaftsgrundrechte)

---

bb. sekundäres Gemeinschaftsrecht

- Verordnungen, Art. 249 II EGV
  gelten unmittelbar in allen Mitgliedstaaten:
  deutsche Behörden und Gerichte wenden sie ohne weiteres an, Bürger muß einhalten und kann sich darauf berufen

- Richtlinien, Art. 249 III EGV
  - grds. nur an Mitgliedstaat als solche, bedarf der Umsetzung durch nationales Recht; keine unmittelbare Wirkung für Bürger, keine Anwendung durch dt. Behörden und Gerichte
  - aber: unmittelbare Wirkung, wenn:
    - Umsetzfrist abgelaufen und Richtlinie nicht oder unzulänglich umgesetzt, und
    - Richtlinie inhaltlich unbedingt und hinreichend genau, und
    - Bestimmungen der Richtlinie verleihen dem Einzelnen Rechte
  - das nationale Recht ist richtlinienkonform auszulegen

(3) Formelles Gesetz

(4) Verordnung (VO)

= von der Exekutive erlassene Rechtsnormen

(5) Satzung

= Rechtsvorschriften, die von einer dem Staat eingeordneten, selbständigen juristischen Person des öff. Rechts im Rahmen der ihr gesetzlich verliehenen Autonomie mit Wirkung für die ihr angehörigen und unterworfenen Personen erlassen werden

(6) Exkurs: Verwaltungsvorschriften

= verwaltungsinterne Regelungen ohne unmittelbare (!) Außenwirkung

c. Rangordnung: Grundregeln

- Europarecht vor nationalem Recht
  Problem: nationales Verfassungsrecht (Art. 23 I GG; Brückentheorie; ausbrechender Rechtsakt)

- Bundesrecht bricht Landesrecht (Art. 31 GG)

- Verfassung > form. Gesetz > VO > Satzung

2. Vorrang des Gesetzes

= jegliches staatliche Handeln darf nicht gegen höherrangiges Recht verstoßen

aus Verbindlichkeit der Gesetze und Art. 20 III GG

keine unmittelbare Aussage über Verletzungsfolgen

3. Vorbehalt des Gesetzes

= Verwaltung darf nur handeln, wenn sie dazu durch Gesetz ermächtigt wurde

a. Herleitung

str., ob aus Art. 20 III GG, Demokratieprinzip, Grundrechte, Rechtsstaat; wohl: aus Zusammenschau all dieser Elemente

b. Was ist „Gesetz" i.S.d. Gesetzesvorbehalts?

nur das formelle Gesetz (= Parlamentsgesetz), str.

dann Parlamentsvorbehalt weitgehend identisch mit Gesetzesvorbehalt, str.

Ausnahme: bei schlichten Parlamentsbeschlüssen

c. Reichweite des Gesetzesvorbehalts

(1) Grundsatz

klassische Formulierung, 19. Jh.: Eingriffe in Freiheit und Eigentum

heute: Ausweitung im Hinblick auf Rechtsstaat und parl. Demokratie aber kein sog. Totalvorbehalt, Arg: Gewaltenteilung, Praktikabilität

(2) Wesentlichkeitstheorie (BVerfG)

aa. Drei Aussagen:

- Wesentliches muß durch Gesetz geregelt sein.

- Das Wesentliche muß im Gesetz geregelt sein.

- Je wesentlicher die Angelegenheit, desto genauer muß die gesetzliche Regelung sein.

bb. Was ist wesentlich?

Faustregeln:

- Angelegenheiten kraft grundgesetzlicher Wertung (insbes. klassische Grundrechtseingriffe; Art. 80 I 2 GG)

- alle grundrechtsrelevanten Maßnahmen von einiger Bedeutung („wesentlich für die Verwirklichung der Grundrechte")

- „sonst Wesentliches"
  z.B. Einrichtung jur. Personen, Zuständigkeiten, Grundzüge des Verwaltungsverfahrens, Ausschluß der übergeleiteten Haftung nach Art. 34 S. 1 GG

(3) Spezielle Bereiche

- Eingriffsverwaltung
  Gesetzesvorbehalt gilt unproblematisch immer

- Leistungsverwaltung
  sehr str.; problematisch v.a. im Subventionsrecht; Details im VwR AT

- behördliche Warnungen
  Realakte, sehr str.; Details im VwR AT

- früher sog. „besonderes Gewaltverhältnis"

  - früher: bei bes. enger Beziehung Staat – Bürger (z.B. Schüler, Strafgefangene, Wehrdienstleistende) wird der Bürger in den Verwaltungsbereich einbezogen, so daß Grundrechte und Gesetzesvorbehalt nicht gelten, sondern von vornherein so beschränkt sind, wie es der Anstaltszweck erfordert

  - heute ganz hM: als Rechtsfigur aufgegeben; es gelten die allgemeinen Grundsätze;
    also: Gesetzesvorbehalt soweit wesentlich

IV. Meßbarkeit und Verläßlichkeit, insbes. bei Gesetzen

Meßbarkeit = staatliche Akte müssen nachträglich anhand hinreichend klarer Normen kontrolliert werden können und müssen anhand solcher Normen hinreichend vorhersehbar sein

Verläßlichkeit = Bürger muß sich auf staatliche Akte hinreichend verlassen können, sie müssen für ihn berechenbar und verständlich sein

1. Rechtssicherheit und Vertrauensschutz, insbes. Rückwirkungsverbot

Rückwirkung im Strafrecht: Art. 103 II GG

a. Unterscheidung echte / unechte Rückwirkung

allgemeines Rückwirkungsverbot, unterscheide:

- echte Rückwirkung ≈ Rückbewirkung von Fehlerfolgen
  Gesetzgeber greift nachträglich in Tatbestände ein, die in Vergangenheit bereits abgeschlossen, deren Rechtsfolgen in Vergangenheit eingetreten
  → bei Belastung grundsätzlich unzulässig

- unechte Rückwirkung ≈ tatbestandliche Rückanknüpfung
  Eingriff in Tatbestände, die in Vergangenheit ins Werk gesetzt wurden, deren Rechtsfolgen aber erst noch eintreten
  → grundsätzlich zulässig

beachte: die Abgrenzung zwischen echter und unechter Rückwirkung im Einzelfall ist oft ungemein schwierig

b. Rechtsfolgen echter / unechter Rückwirkung

Belastung durch echte Rückwirkung ausnahmsweise zulässig bei zwingenden Interessen des Allgemeinwohls oder bei nicht (mehr) vorhandenem schutzbedürftigem Vertrauen; d.h.:

- mit der Regelung war zu rechnen
  (auch: Neuerlaß formell ungültiger Normen)

- bei bislang unklarer und verworrener Rechtslage

- in Bagatellfällen

- u.U. bei sonstigen zwingenden Belangen des Gemeinwohls

Unechte Rückwirkung kann bei Belastung ausnahmsweise verfassungswidrig sein, wenn sich das Vertrauensschutzinteresse im Einzelfall gegen das Wohl der Allgemeinheit durchsetzt

c. Vertrauensschutz im übrigen

beachte: grds. kein schutzwürdiges Vertrauen in Fortbestand einer günstigen Rechtslage

Vertrauensschutz möglich; Voraussetzungen:
- Dispositionen aufgrund schutzwürdigen Vertrauens
- Abwägung mit Zielen des Gesetzes

2. Bestimmtheit und Klarheit

Bedeutung insbes. im grundrechtsrelevanten Bereich

im Strafrecht streng gehandhabt: Art. 103 II GG = Analogieverbot

V. Verhältnismäßigkeit

gilt nicht nur im Bereich der Grundrechtsprüfung, sondern ist bei allen Entscheidungsspielräumen der Staatsgewalt zu beachten; z.B.:
- Verwaltung bei Ermessen
- Rechtsprechung bei Strafzumessung

nach hM gilt Verhältnismäßigkeit nicht zwischen Teilen oder Organen des Staates;
bes. str. allerdings: Staat – Gemeinde

VI. Exkurs: Rechtsweggarantie, Art. 19 IV GG

1. Wer ist „öffentliche Gewalt"?

- Keine Akte der Rechtsprechung = keine Garantie eines Instanzenzuges (weitgehend hM)

pro:
- könnte sonst unendlichen Instanzenzug fordern
- nur eine Instanz ist historisch und bis heute bekannt und akzeptiert
- Art. 19 IV gewährt Rechtsschutz durch den Richter, nicht gegen den Richter (Dürig)
- untere Instanzen sind ebenso vertrauenswürdig wie höhere

contra:
- Gefahr eines unendlichen Instanzenzugs läßt sich auch durch Abwägung mit Rechtssicherheit umgehen
- Dürigs Argument ist zirkulär

- Akte des parlamentarischen Gesetzgebers? → wohl hM: nein

pro:
- Klagen unmittelbar gegen Gesetz sind in Art. 93, 100 GG speziell geregelt
- auch Verfassungstradition fordert keinen Anspruch auf Klage gegen Gesetz

contra:
- Art. 19 IV GG bricht gerade mit der einschlägigen Verfassungstradition
- Einbeziehung der Legislative fordert nicht Rechtsweg unmittelbar gegen Gesetz, sondern verweist auf Ausformung durch den – verfassungsgemäßen – gegenwärtigen Rechtszustand; Sicherung nur für unzumutbare Erschwerung im Einzelfall

2. Behauptung, „in seinen Rechten" verletzt zu sein

a. Beschränkung auf eigene Rechte

= subjektive Rechte ≠ nur objektives Recht

- obj. Recht = Summe der Rechtssätze

- subj. Recht = die einem Subjekt durch eine Rechtsnorm zuerkannte Rechtsmacht, zur Verfolgung eigener Interessen von einem anderen ein bestimmtes Tun, Dulden oder Unterlassen zu fordern (klass. Def.)

beachte: Art. 19 IV GG begründet keine subjektiven Rechte, sondern setzt sie voraus

ein subjektives Recht liegt vor, wenn die objektive Rechtsnorm zumindest neben der Allgemeinheit auch den Einzelnen schützen will; nicht wenn der Einzelne nur als Teil der Allgemeinheit geschützt wird (bloßer Reflex). (sog. Schutznormtheorie) → Details im VwR

b. Bloße Behauptung

reicht – entgegen Wortlaut des Art. 19 IV GG – aus

3. Rechtsweg

= Rechtsweg zu Gerichten i.S.v. Art. 92 GG

4. Effektiver Rechtsschutz

= Verfahren darf nicht so angelegt sein, daß Rechtsschutz vereitelt oder unzumutbar erschwert wird

VII. Exkurs: Die Ewigkeitsgarantie, Art. 79 III GG

entzieht Menschenwürde und die Staatorganisationsprinzipien des Art. 20 GG der Abänderung durch den Verfassungsgeber

Abänderbarkeit des Art. 79 III GG selbst? → nein (str.)

Grundrechte (Art. 2–19 GG) erfaßt? → grds. nicht, aber Mindestbestand über Art. 20, 1 III GG

B. Demokratieprinzip

I. Grundgedanken

"government of the people, by the people, for the people" (Abraham Lincoln)

Volkssouveränität in Form der parlamentarischen Demokratie: das Volk herrscht indirekt durch Wahl eines Repräsentativorgans, nicht direkt durch Abstimmungen

II. Demokratische Legitimation

drei Formen:
- funktionell-institutionelle Legitimation
- organisatorisch-personelle Legitimation
- sachlich-inhaltliche Legitimation

→ entscheidend ist aber das Gesamtniveau an Legitimation; nur vollständiger Wegfall eines Einzelelements ist unzulässig

III. Zustimmung der Beherrschten als Grundgedanke

Angriffsziel: „Autorität, nicht Majorität"

Zustimmung aber nicht zu jedem Einzelakt erforderlich

„Identität von Herrscher und Beherrschten"? → Essenz der Demokratie oder Hochstilisierung zu ihrer Bekämpfung? (sehr str.)

IV. Demokratie als Prozeß

Rückkoppelung durch die öffentliche Meinung → Demokratie setzt freie Willens- und Meinungsbildung voraus

Willens- und Meinungsbildung endet nicht mit der staatlichen Entscheidung → Kritik, Kontrolle und Weiterdrängen

→ Transparenz und Offenheit staatlicher Tätigkeit; aber keine unumschränkte Publizitätspflicht

Überschätzung der Kapazitäten der Bevölkerung? → undemokratisches Argument; in der Demokratie muß Fähigkeit der Bürger zu gleicher Meinungs- und Willensbildung *unwiderleglich* vermutet werden

C. Sozialstaatsprinzip

sozialer Rechtsstaat als Ergänzung zum liberalen Rechtsstaat

garantiert wird ein Mindestmaß an sozialer Sicherheit und Gerechtigkeit

legitimiert werden auch weit darüber hinausgehende soziale Regelungen

→ wird vornehmlich vom Gesetzgeber entfaltet

Mindestgarantie soziale Sicherheit wohl:
- prinzipielle Sicherheit gegen Erwerbsunfähigkeit
- prinzipielle Sicherheit gegen Arbeitslosigkeit
- Mindestsicherung durch Sozialhilfe

Mindestgarantie soziale Gerechtigkeit wohl:
- Mindestschutz gegen überwiegende Marktmacht (Verbraucherschutz,
  Mietrecht, Arbeitsrecht)

Exkurs: Staatszielbestimmungen Umwelt- und Tierschutz, Art. 20a GG

D. Republik

≠ Monarchie

E. Bundesstaatsprinzip

Grundentscheidung für Föderalismus, an anderen Stellen im GG
detailliert ausgeformt (insbes. Art. 70ff., 83ff., 104a ff. GG)

Bundesstaat ≠ Staatenbund

→ Staatlichkeit auch der Länder; vgl. auch Art. 30 GG

grds. Verfassungsautonomie der Länder, Art. 28 GG

vertikale Gewaltenteilung

F. Bundestag

I. Wahlperiode, Verfahren, Struktur

1. Wahlperiode

durch Wahl, Art. 39 GG

Vorzeitige Auflösung? – Möglichkeiten bei:

- Kanzler mit nur relativer Mehrheit, Art. 63 IV 3 GG

- Vertrauensfrage, Art. 68 GG
  → materielle Auflösungslage erforderlich?
  hM: ja, aber bloße Instabilität reicht; erheblicher pol.
  Beurteilungsspielraum
  BVerfGE 114, 121ff.: Grenze erst, wenn keine andere Einschätzung
  eindeutig vorzuziehen; Art verdeckte Minderheitslage reicht aus

2. Verfahren

Details in GeschOBT

Mehrheitsformen:

- Mitgliedermehrheit („Kanzlermehrheit"), Art. 121 GG

- einfache Mehrheit (Abstimmungsmehrheit), Art. 42 II 1 GG

- qualifizierte Abstimmungsmehrheit

- qualifizierte Mitgliedermehrheit

- doppelt qualifizierte Abstimmungsmehrheit

3. Struktur

a. Präsident, Ältestenrat

Präsident, Art. 40 GG

Ältestenrat

b. Ausschüsse

vorbereitende Beschlußorgane

verkleinertes Abbild des Plenums

c. Fraktionen

Doppelstellung: Organteil und juristische Person des Zivilrechts

praktische überragende Bedeutung

Mindeststärke: 5%, vgl. § 10 I GOBT

II. Gesetzgebung

1. Verfahren im BT

Initiative:
- Bundesregierung
- aus der Mitte des Bundestages
- Bundesrat

Beratung: die drei Lesungen des Gesetzes

Abstimmung mit grds. einfacher Abstimmungsmehrheit

Beschlußfähigkeit

2. schlichte Parlamentsbeschlüsse

gegenständlich nicht begrenzte Meinungsäußerungen, grds. ohne rechtliche Bindungswirkung

III. Rechtsstellung der Abgeordneten

1. Das freie Mandat, Art. 38 I GG

- Widerspruch zur parteigebundenen Wirklichkeit?

- Möglichkeit eines parteigebundenen Mandats? → ganz hM: nein

- Fraktionsdisziplin? ganz hM:
  grds. zulässig, einschließlich Sanktionen, Art. 21 GG
  ≠ Fraktionszwang

2. Indemnität

Indemnität = Freiheit des Abgeordneten von jeglicher Verantwortung für sein parlamentarisches Handeln; Art. 46 I GG

jegliche ≠ nur strafrechtliche

parlamentarisch ≠ außerhalb BT

3. Immunität

Immunität = Freiheit von staatlicher (Straf-)Verfolgung, Art. 46 II–IV GG

Zweck: Sicherung der Funktionsfähigkeit des Parlaments

beachte:
- betrifft alle, auch private Tätigkeiten
- endet mit der Abgeordnetenstellung

in der Praxis oft: generelle Vorabgenehmigungen; Delegation an den Immunitätsausschuß

4. Weitere Rechte und Pflichten

- Recht auf angemessene Redezeit und Mitarbeit in einem Ausschuß

- Recht auf angemessene Entschädigung, Art. 48 III GG

- Verhaltensregeln nach § 44b AbgG, ohne rechtliche Sanktionen

IV. Untersuchungsausschüsse

Enquêterecht, Art. 44 GG; Details seit 2001 im PUAG

v.a. ein Minderheitenrecht

Voraussetzungen an Untersuchungsgegenstand:
- hinreichend bestimmt
- verfassungsrechtlich zulässig (Feststellung von Tatsachen und deren pol. Bewertung; innerhalb Zuständigkeit des BT)
- öffentliches Interesse

Beweiserhebung analog StPO, Art. 44 II 1 GG

G. Bundesrat

I. Funktion, Zusammensetzung, Verfahren

BR = Verfassungsorgan des Bundes

Mitglieder = bestellte Mitglieder der Landesregierungen; im Außenverhältnis nicht weisungsgebunden

Mitglieder ≠ Stimmen

Pflicht zu einheitlicher Stimmabgabe, Art. 51 III 2 GG

Präsidentschaft rotiert jährlich unter den Ministerpräsidenten

II. Mitwirkung an der Gesetzgebung

1. Einspruchs- und Zustimmungsgesetze

a. Unterscheidung und Folgen

Zustimmungsgesetz → bedarf der Zustimmung des BR (Verhinderungsmöglichkeit)

Einspruchsgesetz → Einspruch des BR kann vom BT mit qualif. Mehrheit überstimmt werden (Verzögerungsmöglichkeit)

Bundesgesetze sind Einspruchsgesetze, außer das GG erklärt sie ausdrücklich zu Zustimmungsgesetzen

beachte: mit der Abgrenzung Bundes- / Landeszuständigkeit hat das nichts zu tun!

Faustregel: ZustimmungsG bei Verfassung, Finanzen, z.T. Verwaltung

Einrichtung der Behörden (Art. 84 I, 85 I GG) = Gründung, Ausgestaltung, qualitative Aufgabenzuweisung (str.)

b. Problemfall Änderungsgesetz

Änderungsgesetz jdf. zustimmungsbedürftig, wenn:
- Teile geändert, die Ursprungsgesetz zustimmungsbedürftig machten
- selbst Regelungen enthält, die zustimmungsbedürftig sind

zustimmungsbedürftig, wenn Änderungsgesetz isoliert keine Zustimmungsfragen betrifft?

hM: grds. nein
   Arg:
   - BR ist keine zweite Kammer, sd. Vertreterin der Länderinteressen
   - jedes Gesetz ist für sich zu prüfen
   contra:
   - Gesetz ist technisch eine Einheit
   - Gesamtverantwortung für Gesetz durch ursprüngliche Zustimmung

Ausnahme lt. hM: bei Systemverschiebung

beachte: Ausweg über Aufspaltung in ein zustimmungsbedürftiges und ein nicht zustimmungsbedürftiges Gesetz ist grds. zulässig

2. Vermittlungsausschuß

a. Verfahren bei Einspruchsgesetzen

Bundesrat *muß* Gesetz entweder zustimmen oder binnen drei Wochen Vermittlungsausschuß anrufen

wenn Vermittlungsausschuß ohne Ergebnis: kann Einspruch erheben, Art. 77 III 1 GG

wenn Kompromiß gefunden: zunächst wieder in BT zum erneuten Beschluß; dann BRat, der zustimmt oder Einspruch erhebt

beachte: die Ergebnisse des Vermittlungsausschusses binden nicht

b. Verfahren bei Zustimmungsgesetzen

grds. gleiches Verfahren wie bei Einspruchsgesetzen, aber:
- kein Zwang zur Anrufung VermA
- verweigerte Zustimmung BRat → BT oder BReg können VermA
  anrufen

3. Endgültiges Zustandekommen des Gesetzes, Art. 78 GG

beachte: Zustandekommen ≠ Inkrafttreten

a. bei Einspruchsgesetzen

• wenn BRat „zustimmt" = Verzicht auf Einspruch

• VermA nicht binnen 3 Wochen angerufen

• binnen 2-Wochen-Frist kein Einspruch

• Zurückweisung des Einspruchs durch BT

erforderliche Mehrheit für Zurückweisung Einspruch → Art. 77 IV GG:
- Mitgliedermehrheit (S. 1) bzw.
- doppelt qualifizierte Mitgliedermehrheit (S. 2)

b. bei Zustimmungsgesetzen

nur durch ausdrückliche Zustimmung des BRates

c. Probleme bei streitiger Einordnung des Gesetzes

praktisch: BRat hält für Zustimmungsgesetz, BT für Einspruchsgesetz

→ sinnvoll, daß BRat den VermA anruft

d. Sachliche Diskontinuität des Bundestags

alle Gesetzesvorlagen, in denen der letzte erforderliche Beschluß des BT noch nicht gefallen ist, verfallen mit Ablauf der Legislaturperiode

beachte: keine Diskontinuität beim BRat

---

e. Exkurs: Inkrafttreten der Gesetze, Art. 82 GG

(1) Gegenzeichnung durch BReg, Art. 82 I 1, 58 I GG

(2) Ausfertigung und Anordnung der Verkündung durch BPräs

(3) Verkündung im BGBl
→ Gesetz ist jetzt als geltendes Recht existent

(4) Inkrafttreten nach Regelung im Gesetz, sonst nach 14 Tagen, Art. 82 II GG

H. Bundesregierung

Aufgabe und Bedeutung: oberstes Staatsorgan, politische Führung; rechtlich nur unvollständig faßbar

I. Bildung der Bundesregierung

1. Kanzlerwahl, Art. 63 GG

Wahl durch BT mit Mitgliedermehrheit auf Vorschlag des Bundespräsidenten

bei Mißlingen:

- kann innerhalb 2 Wochen beliebigen Kandidaten mit Mitgliedermehrheit wählen

- wenn nicht, muß anschließend BT Kanzler wählen
  mit Mitgliedermehrheit: BP muß ernennen
  mit relativer Mehrheit: BP kann ernennen oder BT auflösen

2. Bestimmung der Minister, Art. 64 GG

Bundeskanzler entscheidet

3. Vertrauensfrage, Art. 68 GG

Vertrauensfrage kann mit anderer Vorlage verbunden werden

Mitgliedermehrheit erforderlich
bei Verbindung mit Vorlage gilt einheitlich das je höhere
Mehrheitserfordernis (str.)

bei negativem Ausgang kann BP den BT auflösen

4. Konstruktives Mißtrauensvotum, Art. 67 GG

Sturz des BK nur durch Wahl eines neuen BK: verhindert regierungslose Zeit

II. Rechtliche Arbeitsweise der Bundesregierung

beachte: Verfassung bildet bloßen Rahmen; Realität weitgehend politisch geprägt

1. Kanzlerprinzip

a. Richtlinienkompetenz, Art. 65 S. 1 GG

Richtlinien der Politik = grundlegende politische Entscheidungen

können auch Einzelfallentscheidungen sein, wenn hochpolitischer Charakter (hM)

b. Organisationsgewalt

Kanzler bestimmt grds. auch Existenz und Zuschnitt der Ministerien soweit nicht im GG vorgegeben (hM)

MM: kann auch durch Gesetz geregelt werden

2. Ressortprinzip, Art. 65 S. 2 GG

innerhalb der Richtlinien des BK agieren Minister eigenständig und eigenverantwortlich

politische Verantwortung

3. Kabinettsprinzip, Art. 65 S. 3 GG

Entscheidung von Streitigkeit unter Ministern

weitere Zuständigkeiten:
- Gesetzentwürfe, Art. 76 I GG
- Vermittlungsausschuß, Art. 77 II 4 GG
- Verwaltungsvorschriften und Aufsicht, Art. 84, 85 GG
- VO, Art. 80 I 1 GG
- Haushaltsfragen, Art. 110, 113, 114 GG
- Bundeszwang, Art. 37 GG
- BVerfG, Art. 93 I Nr. 2 – 4 GG

außerhalb der Richtlinienkompetenz hat BK hier keinen Vorrang

J. Bundespräsident

I. Funktionen und Wahl

- Repräsentationsfunktion

- Integrationsfunktion

- Reservefunktion

Wahl durch Bundesversammlung, Art. 54 GG

II. Gegenzeichnungspflicht, Art. 58 GG

z.T.: alle amtlichen und politisch bedeutsamen Handlungen und
  Erklärungen erfaßt
  Arg:
  - Repräsentation und Integration bei Sinn der Wahrung einer
    einheitlichen Regierungspolitik
  - Normzweck greift immer, wenn BP politisch wirkt

z.T.: nur rechtlich verbindlich Akte erfaßt
  Arg:
  - BP hat auch eigenständige Bedeutung, gerade wegen seiner
    Integrationsfunktion
  - keine Totalüberwachung des BP
  - „Gültigkeit" i.S.v. Art. 58 GG ist nur bei rechtsverbindlichen Akten
    möglich
  - politische Zurückhaltung und Vermittlungsfunktion sind über
    Interorganrespekt (Verfassungsorgantreue) besser herzustellen

III. Prüfungsrecht, insbes. bei der Gesetzesausfertigung

1. formelles Prüfungsrecht

allg. Ansicht: ja; Arg:

- Art. 82 I GG „nach den Vorschriften dieses Grundgesetzes zustandegekommenen Gesetze"
- Stellung des BP als „Bundesnotar", der ordnungsgemäße Durchführung prüft

2. materielles Prüfungsrecht

- hM: ja; Arg:
- Amtseid ‚Grundgesetz wahren und verteidigen'
- von formellem Prüfungsrecht nicht zu trennen, denn gegen GG verstoßendes Gesetz kann nur als verfassungsändernd zustandekommen; für formelle Prüfung muß also Verfassungsmäßigkeit geprüft werden
- BP ist nicht reine Repräsentationsfigur

- MM: nein; Arg:
- Amtseidargument zirkulär; wenn nicht im GG, dann auch nicht über Amtseid
- BP ist nicht der Hüter der Verfassung (Weimar), sd. BVerfG; BP ist kein Vor-Verfassungsgericht
- demokratische Legitimation des BP

- MM: nur bei eindeutigem Verfassungsverstoß; Arg:
- Gefahr für Ansehen BP bei Fehlentscheidung; Juristenstreit widerspräche Integrationsfunktion
- Parlament bis zu Verfassungsgerichtsentscheidung gehindert, seinen (demokratischen!) Willen durchzusetzen
- nur bei eindeutigem Verstoß wird demokratischem Prinzip und Vorrang der Verfassung hinreichend Rechnung getragen; Nachteil nur, daß verfassungswidrige Gesetze veröffentlicht werden

K. Wahlrecht

I. Wahlsysteme

- Verhältniswahl
- Mehrheitswahl
- Deutschland: personalisierte Verhältniswahl mit 5%-Sperrklausel

II. Wahlgrundsätze, Art. 38 I 1GG

1. allgemein

= Teilnahme aller Staatsbürger ohne Unterschied nach Rasse, Religion, Geschlecht, politischer Anschauung

2. unmittelbar

= ohne weitere Willensakte zwischen Wahlakt und Bewerber

3. frei

= ohne äußeren, auch nur mittelbaren Zwang oder Druck

4. geheim

betrifft Stimmabgabe selbst

5. gleich

a. passives Wahlrecht

→ Chancengleichheit der Bewerber und Parteien

b. aktives Wahlrecht

= gleiche Bewertung und gleicher Einfluß der Stimmen auf das Ergebnis

(1) Zählwert und Erfolgswert?

zwei Formen unterscheidbar:
- Zählwertgleichheit
- Erfolgswertgleichheit

aber: unter dem GG ist sowohl Verhältnis- als auch Mehrheitswahl möglich

→ Widerspruch wird von hM über Systembindung gelöst, d.h. bei Verhältniswahlrecht Erfolgswertgleichheit gefordert, bei Mehrheitswahlrecht nicht

Kritik:
- kein numerus clausus der Wahlsysteme, sd. gleitende Skala von Wahlordnungen
- auch reine Verhältniswahl setzt Erfolgswertgleichheit nicht voll durch

mögliche Folgen der Kritik:
- Erfolgswertgleichheit durch Erfolgschancengleichheit ersetzen; oder
- Erfolgswertgleichheit gilt immer; Abweichung setzt stets zwingende Gründe voraus

beachte: Wahlrechtsgleichheit ist streng und formal zu verstehen; Abweichung nur aus zwingenden Gründen

(2) Problem: 5%-Klausel

beeinträchtigt Erfolgswertgleichheit der Verhältniswahl

→ gerechtfertigt zur Erhaltung der Handlungs- und Entscheidungsfähigkeit des Parlaments; Regierungsbildung; Zersplitterungsgefahr

(3) Problem: Grundmandatsklausel

= ab drei Direktmandaten erhält die Partei die ihr nach Zweitstimmen zustehenden Sitze auch unterhalb der 5%-Klausel

wohl hM: zulässig; Arg:
- Partei mit 3 Direktmandaten zeigt sich politisch bedeutsam
- besondere Akzeptanz in Bevölkerung → Integrationscharakter der Wahl
- Berücksichtigung regionaler Besonderheiten

(4) Problem: Überhangmandate

Problem: Überhangmandate wären z.B. durch Ausgleichsmandate oder durch Abzug vor Verteilung auf Landeslisten weitgehend vermeidbar

BVerfG entschied 4:4

---

pro Überhangmandate:
- Direktmandate unterliegen ohnehin nicht der vollen Erfolgswertgleichheit
- geht also um Erfolgschancengleichheit
- allerdings müssen Wahlkreise ungefähr gleich groß sein
- wahrt personales Element

contra:
- ist (personal.) Verhältniswahl mit Bedeutung Erfolgswertgleichheit
- keine zwingenden Gründe vorhanden für Abweichung
- personales Element wird nicht angetastet

(5) Problem: Effekt des sog. negativen Stimmgewichts

Mandatsverteilungsverfahren kann in Einzelfällen dazu führen, daß eine Partei durch den Gewinn von Zweitstimmen in einem Bundesland Abgeordnetenmandate in diesem oder einem anderen Bundesland einbüßt

Beeinträchtigung der Erfolgswertgleichheit, Erfolgschancengleichheit und Unmittelbarkeit der Wahl

nicht gerechtfertigt, Belange des föderalen Proporzes kein zwingender Grund

Arg.:

- Gesetzgeber hat Bundesstaat und entspr. Parteienaufbau vielfach in Wahlrechtsnormen berücksichtigt, die nicht zu negativem Stimmgewicht führen
- Bundesgesetzgeber nicht verpflichtet, föderative Gesichtspunkte zu berücksichtigen, da Bundestagswahl = Wahl des unitarischen Vertretungsorgans des Bundesvolkes

III. Wahlprüfung

- zunächst Vorverfahren: Prüfung im BT, vgl. Art. 41 I 1 GG iVm WahlprüfG

- dann Wahlprüfungsbeschwerden zum BVerfG möglich, Art. 41 II GG, § 48 BVerfGG

IV. Wer ist das Volk?

• Wahlrecht für Ausländer möglich?

contra (hM):

- wahlbefugt ist nur das Volk, Art. 38 I 2, 20 II GG
- historisch und systematisch (Präambel, Art. 1 II, 20 IV, 146 GG) sind nur Deutsche das Volk
- Demokratie setzt personale Dauerbeziehung Bürger–Staat voraus, braucht also Homogenität von Staat und Volk
- Wahlrecht also nur für Deutsche i.S.v. Art. 116 I GG

pro:
- Staatsvolk = Lebens- und Schicksalsgemeinschaft der auf dem Staatsgebiet Ansässigen
- dann auch Ausländer, die längere Zeit ansässig

• Kommunalwahlrecht für Ausländer, die nicht EU-Bürger sind?

contra (hM):
- Art. 28 I 2 GG „Volk", also Teil des Staatsvolkes in Art. 20 II 1 GG
- Selbstverwaltung ähnelt Staat
- Verfassungsänderung wäre aber möglich (Art. 79 III GG greift nicht)

pro:
- s.o. für Parlamentswahlen allg.
- Selbstverwaltungskörperschaften sind nicht Staat, also anderes „Volk", nämlich die Verwalteten
- Art. 28 I 2 GG wollte nur die demokratische Wahl der Vertreter sicherstellen

---

L. Politische Parteien

I. Begriff, Funktion, Parteienprivileg

1. Parteibegriff → wie in § 2 I PartG

kommunale Wählervereinigungen sind keine Parteien

2. Mitwirkung bei der politischen Willenbildung des Volkes, Art. 21 GG
→ Parteien haben eigenen verfassungsrechtlichen Status, sind aber nicht staatlich

d.h. Doppelstellung:
- auf Bürgerseite Mittler bei der Willensbildung
- auf Staatsseite, insbes. bei der Wahlvorbereitung, verfassungsrechtlicher Status

3. Parteienprivileg, Art. 21 II GG: über Verfassungswidrigkeit und Verbot entscheidet ausschließlich das BVerfG; ohne dessen Entscheidung darf keine staatlich Stelle von Verfassungswidrigkeit ausgehen

II. Demokratische Binnenstruktur, Art. 21 I 3 GG

Spannungsverhältnis mit (Staats-)Freiheit der Parteien Art. 21 I 2 GG

→ insbes. demokratische Willensbildungsprozesse

Aufnahme frei, § 10 I 2 PartG, (str.); Ausschluß an strenge Voraussetzungen gebunden, § 10 IV PartG

III. Parteifinanzierung

steht zwischen Staatsfreiheit, Chancengleichheit und staatsbürgerlicher Gleichheit

Grundsätze:

- Teilfinanzierung zulässig, auch über Wahlkampfkostenerstattung hinaus; aber absolute Grenze
- Finanzierung in Abhängigkeit von erreichten Stimmen
- Begrenzung der steuerlichen Begünstigung von Parteispenden

Rechenschaftspflicht, Art. 21 I 4 GG

IV. Chancengleichheit, Art. 21 I i.V.m. Art. 3, 28 I 2 GG

ein weiterer spezieller Gleichheitssatz

Gebot strenger Gleichbehandlung: Differenzierungen bedürfen eines besonderen, verfassungsrechtlich tragfähigen Grundes
aber auch: vorgegebene Unterschiede muß der Staat nicht ausgleichen

vgl. § 5 I PartG

M. Gesetzgebungskompetenzen im Bundesstaat

I. Kompetenzverteilung im GG

1. Grundsätzliche Zuständigkeit der Länder, Art. 70 GG

findet sich kein Kompetenztitel für den Bund, so sind die Länder zuständig

beachte: nur kompetenzgerechtes Bundesrecht bricht Landesrecht nach Art. 31 GG; zudem: Abweichungsbefugnisse in 72 III, 84 I GG

2. Ausschließliche Gesetzgebung des Bundes, Art. 71, 73 GG

beachte: Bundeszuständigkeit auch, wenn sonst im GG von "Bundesgesetz" die Rede ist

3. Konkurrierende Gesetzgebung, Art. 72, 74 GG

Föderalismusreform 2006 → nicht ein, sd. drei Typen:

---

a. Kernkompetenzen, Art. 72 I GG

Zuständigkeit des Bundes; Länder nur zuständig solange und soweit Bund keinen Gebrauch macht

b. Bedarfskompetenzen, Art. 72 II GG

zusätzlich: Bund nur zuständig bei Erforderlichkeit, Art. 72 II GG

"Herstellung gleichwertiger Lebensverhältnisse": erst wenn sich Lebensverhältnisse in erheblicher, das bundesstaatliche Sozialgefüge beeinträchtigender Weise auseinanderentwickelt haben oder sich dies konkret abzeichnet

"Wahrung der Rechts- und Wirtschaftseinheit":
- Rechtszersplitterung nicht schon als solche, sondern erst, wenn problematische Folgen, die im Interesse von Bund und Ländern nicht hinnehmbar

- wenn es um Erhaltung der Funktionsfähigkeit des Wirtschaftsraums der Bundesrepublik geht, wenn Landesregelung oder Untätigbleiben der Länder erhebliche Nachteile für Gesamtwirtschaft mit sich brächten

volle Überprüfung der Begriffe durch das BVerfG; bei Prognosen aber weiterhin Einschätzungsprärogative des Gesetzgebers

eigenes verfassungsgerichtliches Kompetenzkontrollverfahren: Art. 93 I Nr. 2a GG;
Besonderheit: Länderparlamente können einleiten; bes. Form der abstrakten Normenkontrolle

bei Wegfall der Erforderlichkeit: Rückübertragungsbefugnis des Bundes, Art. 72 IV, 125a II 2 GG + spezielles Kontrollverfahren nach Art. 93 II GG vor dem BVerfG

---

c. Abweichungskompetenzen, Art. 72 III GG

→ keine Sperrwirkung der Bundesgesetze mehr; Abweichungsbefugnis der Länder

(Anwendungs-)Vorrang nur nach Lex-posterior-Regel; grds. Karenzzeit 6 Monate für Bundesrecht → Ping-Pong nicht ausgeschlossen

Übergangsregel, Art. 125b GG

II. Ungeschriebene Kompetenztitel

→ nur sehr zurückhaltend anwenden!

- Kompetenz kraft Sachzusammenhangs: materielles Recht im Zusammenhang mit einer geschriebenen Kompetenz
→ wenn ohne Mitregelung nicht verständigerweise geregelt werden kann

- Annexkompetenz: Verfahrensrecht im Zusammenhang mit einer geschriebenen Kompetenz (str.)

- Kompetenz kraft Natur der Sache: eigenständige Kompetenzbegründung
→ wenn zwingend nur vom Bund geregelt werden kann

N. Ausführung der Bundesgesetze im Bundesstaat

beachte: keine Aufgabenübertragung direkt an Gemeinden und Gemeindeverbände, Art. 84 I 7, 85 I 2 GG

I. Ausführung durch Länder als eigene Angelegenheit, Art. 84 GG

rechtlicher und praktischer Regelfall, Art. 83 GG

Behördenorganisation und VwVerfahren regelt auch Land, außer abweichendes Bundesgesetz, Art. 84 I S. 1 GG

Abweichungsbefugnis der Länder, unbeschadet Regelungsrecht des Bundes, Art. 84 I 2-4 GG → Ping-Pong?

Ausnahme wg. "besonderen Bedürfnisses nach bundeseinheitlicher Regelung des Verwaltungsverfahrens" mit Zustimmung Bundesrat, Art. 84 I 5, 6 GG → Handhabung in Zukunft?

Bundesaufsicht als bloße Rechtsaufsicht, Art. 84 III 1 GG

II. Ausführung durch Länder im Auftrag des Bundes, Art. 85 GG

nur wenn im GG ausdrücklich angeordnet

Behördenorganisation und (str.) VwVerfahren regelt auch Land, außer abweichendes Bundesgesetz mit Zustimmung des Bundesrates, Art. 85 I

Problem: Art. 85 I GG nennt „Verwaltungsverfahren" nicht
hM:
- Redaktionsversehen
- geringere Bundeskompetenz bei größerer Nähe zur Aufgabe nicht einzusehen

MM:
- wegen Art. 84 I GG geht allenfalls als ungeschriebene Kompetenz
- dann aber für Verwaltungsverfahren kein Zustimmungserfordernis

Bundesaufsicht als Rechts- und Fachaufsicht, Weisungsbefugnis, Art. 85 III, IV GG

Bund-Länder-Streit:
- inhaltliche Rechtswidrigkeit der Weisung nicht zu prüfen (str.)
- nur verfassR Prüfung der Inanspruchnahme der Weisungsbefugnis als solcher und ihrer Modalitäten

bei Abgrenzungsproblemen hilfreich: Gesetzgebungskompetenz des Bundes als äußerste Grenze für seine Verwaltungsbefugnisse

III. Bundeseigene Verwaltung, Art. 86, 87 GG

nur in den im GG aufgezählten Fällen

1. durch Bundesbehörden

a. mit eigenem Verwaltungsunterbau,
v.a.:
- Art. 87 I GG (zwingend)
- Art. 87 III 2 GG (fakultativ; bei neuen Aufgaben und dringendem Bedarf)

b. ohne eigenen Verwaltungsunterbau:

vgl. Art. 87 III 1 GG (fakultativ)
Voraussetzung: Aufgabe muß ohne Verwaltungsunterbau zentral
wahrnehmbar sein

2. durch bundesunmittelbare Körperschaften und Anstalten

Art. 87 II, III 1 GG

mittelbare Verwaltung = Verwaltung durch selbständige jur. Personen des
öff. Rechts

beachte: es geht um *mittelbare* Bundesverwaltung durch
bundes_unmittelbare_ Körperschaften und Anstalten

beachte insgesamt: Verwaltungsverfahrensgesetzgebungskompetenz des
Bundes ≠ Verwaltungskompetenz des Bundes

IV. Mischverwaltung; Dritte Ebene

Mischverwaltung Bund / Länder: nach wohl hM unzulässig, wenn nicht
im GG vorgesehen

Gemeinschaftsverwaltungen der Länder als „dritte Ebene" → Zulässigkeit
str.

beachte aber: Gemeinschaftsaufgaben, Art. 91a, 91b GG